Alfons Gerhardt

Mit Kranken am Tisch des Herrn

Alfons Gerhardt

Mit Kranken am Tisch des Herrn

Sonntägliche Kommunionfeiern

Lesejahr C

Lahn-Verlag

Die Ständige Kommission für die Herausgabe der gemeinsamen liturgischen Bücher im deutschen Sprachgebiet erteilte für die aus diesen Büchern entnommenen Texte die Abdruckerlaubnis. Die darin enthaltenen biblischen Texte sind Bestandteil der von den Bischofskonferenzen des deutschen Sprachgebietes approbierten Einheitsübersetzung der Hl. Schrift.

Bibliografische Information der Deutschen Nationalbibliothek
Die Deutsche Nationalbibliothek verzeichnet diese Publikation in der Deutschen Nationalbibliografie; detaillierte bibliografische Daten sind im Internet über http://dnb.d-nb.de abrufbar.

e verlags gruppe engagement

Das Gesamtprogramm
des Lahn-Verlags
finden Sie im Internet
unter www.lahn-verlag.de

ISBN 978-3-7840-3490-4

2. Auflage 2015 der Neuausgabe 2010

Umschlaggestaltung: Elisabeth von der Heiden, Geldern
Satz: Schröder Media GbR, Dernbach
Printed in the Czech Republic

Vorwort

Seit alters her ist es der Kirche ein Anliegen, auch diejenigen Personen an den Vollzügen des gottesdienstlichen Lebens teilhaben zu lassen, die aufgrund einer Erkrankung oder anderer körperlicher Schwächen nicht zur Eucharistiefeier der Gemeinde kommen können. Die Spendung der heiligen Kommunion – zu Hause oder am Krankenbett – will diesem Anliegen Rechnung tragen. Der Tisch des Herrn ist für alle gedeckt, nicht nur für die Gesunden.
Das Buch „Mit Kranken am Tisch des Herrn. Sonntägliche Kommunionfeiern, Lesejahr C“ möchte helfen, die „Gaben vom Tisch des Herrn“ so darzureichen, dass sie für einen kranken Menschen Trost und Stärkung bedeuten. Es wird der Versuch unternommen, die biblischen und liturgischen Texte der sonntäglichen Eucharistiefeier vor dem Hintergrund der Erfahrungen von Krankheit, Leid, Hilflosigkeit und Angst zu hören und zu verstehen. „Dein Wort ist meinem Fuß eine Leuchte, ein Licht für meine Pfade“ (Psalm 119,105), bekennt ein gläubiger Mensch im Alten Testament. Welches Licht zündet Gottes Wort mir an auf meinem Weg durch eine Krankheit?
Für jeden Sonntag des Lesejahrs C werden ein Kyrieruf, das Tagesgebet, der Evangelientext, eine Meditation sowie ein Fürbittgebet angeboten. Schluss- und Segensgebete finden sich am Ende des Buchs. Für alle

Texte gilt grundsätzlich, dass sie sich als Anregungen, nicht als Vorschriften, als Bausteine, nicht als „fertiges Gebäude“ verstehen. Sie müssen immer wieder auf die verschiedenen Situationen zugeschnitten werden, in die hinein sie gesprochen werden, und der Erfahrungswelt der Menschen angepasst werden, für die sie gedacht sind.
Schließlich können die Texte zur persönlichen Einstimmung und Meditation für diejenigen dienen, die eine Gottesdienstfeier mit Kranken vorbereiten und leiten.
Ich würde mich freuen, wenn Krankenhausseelsorgerinnen und -seelsorger, Kommunionhelferinnen und -helfer und all diejenigen, die Kommunionfeiern mit kranken bzw. alten Menschen gestalten, in diesem Buch eine Hilfe für ihren Dienst finden – und wenn sie mit den Menschen, mit denen sie am „Tisch des Herrn“ sind, erfahren: „Dein Wort ist meinem Fuß eine Leuchte, ein Licht für meine Pfade“ (Psalm 119,105).

Alfons Gerhardt

Ebenfalls erhältlich sind Bände mit den Texten zu den Lesejahren A und B (Lesejahr A: ISBN 978-3-7840-3474-4; Lesejahr B: ISBN 978-3-7840-3489-8).

„Richtet euch auf!“

Kyrieruf

Herr Jesus Christus,

– du weißt um die innere und äußere Not, in die ein Mensch geraten kann; darum rufen wir: Herr, erbarme dich …
– du siehst inmitten der Not auch Zeichen des Lebens; öffne für diese Zeichen unseren Blick: Christus, erbarme dich …
– du wirst einmal kommen, um uns aus aller Not zu erlösen; stärke in uns das Vertrauen, dass alles gut wird: Herr, erbarme dich …

Tagesgebet

Herr, unser Gott, alles steht in deiner Macht. Du willst den Menschen aufrichten und ihm die Kraft geben, die er braucht, um mit dem Leben zurechtzukommen. Hilf uns, dass wir gerade dann, wenn Ängste und Sorgen uns belasten, nicht vergessen, wohin du uns führen willst: zur Begegnung mit dir, unserem Erlöser, und zum Leben in Fülle in deinem Reich. Darum bitten wir dich durch Jesus Christus, deinen Sohn, der uns zum Bruder wurde und uns zur Seite steht in guten wie in schweren Tagen.

Evangelium Lk 21,25–28.34–36

In jener Zeit sprach Jesus zu seinen Jüngern: Es werden Zeichen sichtbar werden an Sonne, Mond und Sternen, und auf der Erde werden die Völker bestürzt und ratlos sein über das Toben und Donnern des Meeres. Die Menschen werden vor Angst vergehen in der Erwartung der Dinge, die über die Erde kommen; denn die Kräfte des Himmels werden erschüttert werden. Dann wird man den Menschensohn mit großer Macht und Herrlichkeit auf einer Wolke kommen sehen. Wenn all das beginnt, dann richtet euch auf und erhebt eure Häupter; denn eure Erlösung ist nahe.
Nehmt euch in Acht, dass Rausch und Trunkenheit und die Sorgen des Alltags euch nicht verwirren und dass jener Tag euch nicht plötzlich überrascht, so wie man in eine Falle gerät; denn er wird über alle Bewohner der ganzen Erde hereinbrechen. Wacht und betet allezeit, damit ihr allem, was geschehen wird, entrinnen und vor den Menschensohn hintreten könnt.

Meditation

Von Angst ist die Rede,
von Not und Bedrängnis:
Die Menschen sind ratlos,
bestürzt und besorgt.

Was im Großen verheißen,
geschieht auch im Kleinen:

eine Krankheit, ein Leiden,
die innere Not.
Was im Großen verheißen,
ist manchmal mein Alltag:
die Schwere des Lebens,
du, Herr, weißt darum.

Und dann dieser Satz:
Wenn all das beginnt,
dann richtet euch auf
und erhebt euer Haupt,
denn eure Erlösung ist nahe.

Von Angst ist die Rede,
von Not und Bedrängnis
und dazu dein Wort:
Die Erlösung ist nahe! –
das kann doch nur heißen:
Du, Gott, sagst zu mir:
Das Leben ist stärker
als alle Bedrohung.
Ist die Not noch so groß,
nichts wird mir so schwer sein,
dass ich völlig zerbreche.
Kann sein, dass ich dies
augenblicklich nicht glaube,
weil meine Sorgen zu groß.

Doch was du versprichst, Herr,
das wirst du auch halten.

Daran möchte ich glauben,
ja, ich mahne es an:
dass diese Verheißung,
die du mir gegeben,
nicht Worthülse bleibt,
sondern echte Erfahrung –
dein Wort, das da heißt:
Wenn du sie erlebst,
deine Angst, deine Not,
dann richte dich auf,
fasse Mut,
denn ich bin dir nahe!

Fürbitten

Herr Jesus Christus, wir bitten dich um Kraft

- für alle Menschen, die schmerzlich erfahren müssen, wie ihr Leben von heute auf morgen bedroht ist: dass sie sich nicht lähmen lassen, sondern wieder anfangen, voll Zuversicht nach vorn zu blicken.
- für alle Menschen, die sich damit abfinden müssen, dass Krankheit und Leid ihr Leben bestimmt: dass sie sich nicht aufgeben, sondern Wege finden, sich an den schönen Erfahrungen zu freuen, die ihnen geblieben sind.
- für alle Menschen, die sich fragen, warum gerade sie von Not und Leid betroffen sind: dass sie in ihrem Fragen und Suchen auf Antworten stoßen, mit denen sie leben können.

– für alle Menschen, die am Wert ihres Lebens zweifeln: dass sie Mut finden bei dem Gedanken, dass auch ihr Leben einmal von dir verwandelt und erlöst wird.

Schlussgebet (siehe S. 247 ff.)

Segensgebet (siehe S. 251 ff.)

Uns ist das Heil verheißen

Kyrieruf

- Gott Vater, du Schöpfer unseres Lebens: Herr, erbarme dich …
- Gott Sohn, du Erlöser, der uns verheißen ist: Christus, erbarme dich …
- Gott, Heiliger Geist, du Tröster aller, die auf Heil und Heilung warten: Herr, erbarme dich …

Tagesgebet

Gott, du bist voll Erbarmen, wenn du uns Menschen siehst: Du weißt um die Sorgen und Ängste, die uns bedrücken. Du weißt auch, wie sehr wir uns danach sehnen, glücklich und in Frieden leben zu können. Wir bitten dich: Bewahre uns vor Zeiten, in denen die Nöte, die uns belasten, so mächtig werden, dass wir den Blick für das Schöne und Wertvolle des Lebens aus den Augen verlieren und das Ziel vergessen, zu dem du uns gerufen hast: die Gemeinschaft mit Jesus Christus, unserem Erlöser und Bruder.

Evangelium Lk 3,1–6

Es war im fünfzehnten Jahr der Regierung des Kaisers Tiberius; Pontius Pilatus war Statthalter von Judäa, Hero-

des Tetrarch von Galiläa, sein Bruder Philippus Tetrarch von Ituräa und Trachonitis, Lysanias Tetrarch von Abilene; Hohepriester waren Hannas und Kajaphas. Da erging in der Wüste das Wort Gottes an Johannes, den Sohn des Zacharias. Und er zog in die Gegend am Jordan und verkündigte dort überall Umkehr und Taufe zur Vergebung der Sünden.
So erfüllte sich, was im Buch der Reden des Propheten Jesaja steht:
Eine Stimme ruft in der Wüste: Bereitet dem Herrn den Weg! Ebnet ihm die Straßen!
Jede Schlucht soll aufgefüllt werden, jeder Berg und Hügel sich senken.
Was krumm ist, soll gerade werden, was uneben ist, soll zum ebenen Weg werden.
Und alle Menschen werden das Heil sehen, das von Gott kommt.

Meditation

„Alle Menschen werden sehen
das Heil, das von Gott kommt."

Wann kommt das Heil?
Wann darf ich es erfahren?
Wann kommt für mich die Zeit,
wo die Beschwernisse der Krankheit
mir nicht mehr so zu schaffen machen?
Wann kommt für mich die Zeit,

wo all das, was mich niederdrückt und sorgt,
ein Ende hat?

Genauso fragten damals auch die Menschen,
in jenen Tagen, als Johannes in der Wüste
vom Kommen des Erlösers sprach,
und denen, die ihn hörten, sagte:
Ganz nahe ist das Heil, das Gott uns schenkt.
In jenen Tagen, als die Welt voll Bedrohung war
und fremde Mächte Völker unterdrückten,
als Menschen sich in ihrer großen Not
nach Heil und Leben sehnten, nach Erlösung,
so wie auch heute Menschen, die durch Leid geprägt,
nach Kraft sich sehnen und nach besseren Zeiten.

Inmitten einer Welt, die Frieden braucht,
und zu den Menschen, die auf Leben hoffen,
spricht er, Johannes, die Verheißung:
Das Heil, das Gott uns schenkt,
es kommt gewiss,
wir alle dürfen es erfahren!
Das Heil, es kommt nicht in die „heile Welt",
das Heil, es kommt hinein in die Erfahrung
von Finsternis und Not, von Angst und Leiden.
Das Heil, es fängt schon an, wo ich es wage,
in all dem Dunkel auch das Licht zu sehen.
Das Heil, es fängt schon an, wo ich es lasse,
mich ständig auf das Schlechte zu fixieren,
anstatt das Gute festzuhalten, das mir bleibt.

Das Heil, es fängt schon an,
wo ich bereit bin, zu vertrauen
auf den, der kommen will,
um mir das Heil zu schenken und das Leben.

Das Heil, es fängt schon an, wo ich das Wort
des Täufers als ein Wort für mich verstehe:
„Alle Menschen werden sehen
das Heil, das von Gott kommt."
Alle Menschen – das gilt auch für mich.

Fürbitten

Gott, unser Vater, wir bitten dich
– für diejenigen, die schmerzlich spüren, wie viel ihnen an Hoffnung und Vertrauen fehlt: dass sie offen werden für das Heil, das du allen Menschen zugesagt hast, und dass sie so den Mut finden für einen neuen Anfang.
– für diejenigen, denen es augenblicklich so schlecht geht, dass deine Zusage des Heils sie innerlich nur schwer oder überhaupt nicht zu erreichen vermag: dass die Zeit des Dunkels für sie bald ein Ende hat.
– für diejenigen, die unter dem leiden, was sie im Leben falsch gemacht haben: dass sie Wege finden zur Umkehr und zur Versöhnung.
– für diejenigen, die erleben dürfen, wie das Vertrauen auf deine Heilszusage sie stärkt und aufrichtet: dass

sie bereit sind, diese Erfahrung weiterzugeben, wenn sie danach gefragt werden, und dass sie so zum lebendigen Beispiel werden für das Wort des Evangeliums: „Alle Menschen werden das Heil sehen, das von Gott kommt.“

Schlussgebet (siehe S. 247 ff.)

Segensgebet (siehe S. 251 ff.)

Warten auf den Erlöser

Kyrieruf

Herr Jesus Christus,
- in einem Leben, das Sorgen und Leid kennt, warten wir auf dich, den Erlöser: Herr, erbarme dich …
- in einem Leben, das Zweifel und Angst kennt, warten wir auf dich, den Erlöser: Christus, erbarme dich …
- in einem Leben, das Versagen und Sünde kennt, warten wir auf dich, den Erlöser: Herr, erbarme dich …

Tagesgebet

Allmächtiger Gott, sei jetzt in unserer Mitte. Wir sehnen uns nach Halt und Geborgenheit, nach Kraft und innerem Frieden. Lass uns erfahren dürfen, wie unser Sehnen bald eine Antwort findet in dem Fest, auf das wir uns vorbereiten, Weihnachten, dem Fest der Menschwerdung deines Sohnes. Denn seitdem er alles mit uns teilt, sind wir nicht mehr allein mit dem, was uns belastet, und finden Geborgenheit bei dir, unserem Gott, der du Mensch geworden bist in ihm, unserem Bruder.

Evangelium Lk 3,10–18

In jener Zeit fragten die Leute den Johannes den Täufer: Was sollen wir also tun? Er antwortete ihnen: Wer

zwei Gewänder hat, der gebe eines davon dem, der keines hat, und wer zu essen hat, der handle ebenso.
Es kamen auch Zöllner zu ihm, um sich taufen zu lassen, und fragten: Meister, was sollen wir tun? Er sagte zu ihnen: Verlangt nicht mehr, als festgesetzt ist.
Auch Soldaten fragten ihn: Was sollen denn wir tun? Und er sagte zu ihnen: Misshandelt niemand, erpresst niemand, begnügt euch mit eurem Sold!
Das Volk war voll Erwartung, und alle überlegten im Stillen, ob Johannes nicht vielleicht selbst der Messias sei. Doch Johannes gab ihnen allen zur Antwort: Ich taufe euch nur mit Wasser. Es kommt aber einer, der stärker ist als ich, und ich bin es nicht wert, ihm die Schuhe aufzuschnüren. Er wird euch mit dem Heiligen Geist und mit Feuer taufen. Schon hält er die Schaufel in der Hand, um die Spreu vom Weizen zu trennen und den Weizen in seine Scheune zu bringen; die Spreu aber wird er in nie erlöschendem Feuer verbrennen. Mit diesen und vielen anderen Worten ermahnte er das Volk in seiner Predigt.

Meditation

Es kommt aber einer,
der ist stärker als ich,
sagt Johannes der Täufer,
und er verweist auf ihn:
Jesus Christus, den Messias und Erlöser.

Es kommt aber einer,
der ist stärker als das,
was das Leben so schwer macht –
der ist stärker als Krankheit,
als Leiden und Not;
der ist stärker als Angst,
als Zweifel und Bangen.
Es kommt aber einer,
der ist stärker als der,
der alles vernichtet: der Tod.

Advent ist die Zeit,
auf diesen zu warten:
den Starken, den Retter,
Jesus Christus, den Herrn.
Und die Hoffnung zu spüren,
die in uns verborgen:
die Hoffnung auf Leben,
auf Heilung, auf Kraft.
Der Verheißung zu trauen,
die Johannes gegeben:
Es kommt aber einer,
der ist stärker als ich
und der will, dass ich lebe,
dass die Hoffnung mir bleibt
und die Kraft, die ich brauche.

Es kommt aber einer,
der ist stärker als das,
was das Leben so schwer macht.

Er kommt? Er ist da:
verborgen im Zeichen
des heiligen Brotes,
unscheinbar und schlicht
und doch so voll Leben.
Was Johannes verheißen,
das ist jetzt erfüllt:
Dich Jesus, meinen Bruder,
dich Heiland und Retter,
dich bete ich an.

Fürbitten

„Es kommt aber einer, der stärker ist als ich", sagt der Täufer Johannes. Ihn, den Stärkeren, auf den wir warten, bitten wir

- um die Erfahrung, dass in uns das Vertrauen stärker ist als die Angst.
- um die Erfahrung, dass in uns die Zuversicht stärker ist als die Enttäuschung.
- um die Erfahrung, dass in uns die Gelassenheit stärker ist als die Ungeduld.
- um die Erfahrung, dass in uns die Lebensfreude stärker ist als die Verbitterung.

Schlussgebet (siehe S. 247 ff.)

Segensgebet (siehe S. 251 ff.)

Selig, die geglaubt hat

Kyrieruf

Herr Jesus Christus,
- vom Engel verheißen als Immanuel, als „Gott mit uns“: Herr, erbarme dich …
- von Elisabet gepriesen als Herr des Lebens: Christus, erbarme dich …
- von uns erwartet als Heiland und Erlöser: Herr, erbarme dich …

Tagesgebet

Allmächtiger Gott, wir sind dir so wichtig, dass du selbst zu uns kommen möchtest, um das Leben mit uns zu teilen. Weil du Mensch wirst, sind wir nicht verloren, ganz gleich, was auch kommen mag. Wir bitten dich, lass uns diese Botschaft nicht nur äußerlich hören, sondern ihr auch innerlich trauen können, gerade in Augenblicken, in denen wir Angst und Zweifel stärker erfahren als Hoffnung und Zuversicht. Lass uns in jenes Vertrauen hineinwachsen, das Maria sagen ließ: „Mir geschehe, wie du es gesagt hast.“ Um diese Kraft zum Glauben und Vertrauen bitten wir dich durch Jesus Christus, deinen Sohn, der Mensch wurde, um uns zum Leben zu führen.

Evangelium Lk 1,39–45

In jenen Tagen machte sich Maria auf den Weg und eilte in eine Stadt im Bergland von Judäa. Sie ging in das Haus des Zacharias und begrüßte Elisabet. Als Elisabet den Gruß Marias hörte, hüpfte das Kind in ihrem Leib. Da wurde Elisabet vom Heiligen Geist erfüllt und rief mit lauter Stimme: Gesegnet bist du mehr als alle anderen Frauen, und gesegnet ist die Frucht deines Leibes. Wer bin ich, dass die Mutter meines Herrn zu mir kommt? In dem Augenblick, als ich deinen Gruß hörte, hüpfte das Kind vor Freude in meinem Leib. Selig ist die, die geglaubt hat, dass sich erfüllt, was der Herr ihr sagen ließ.

Meditation

Selig zwei Frauen,
die darauf vertrauen:
Das Leben ist stärker
als Dunkel und Tod.

Die eine, Elisabet,
vom Alter gezeichnet,
im Hoffen enttäuscht:
Manche Pläne des Lebens
gingen nicht in Erfüllung.

Zu ihr sagt jetzt Gott:
Neues Leben fängt an,

ein Kind wirst du haben,
in ihm ist die Zukunft!

Das sagt Gott auch uns:
Du hast eine Zukunft,
trotz Krankheit und Last!
Das Leben ist stärker
als Dunkel und Tod.

Die andere, Maria,
sie kann nicht verstehen,
was mit ihr geschieht.
So vieles ist anders,
so vieles ist fremd.
Und doch sagt sie gläubig:
Es möge so werden,
wie Gott es bestimmt.
Und so fängt das Heil an:
geboren kann werden
der Erlöser der Welt.

Wo wir darauf vertrauen
dass Gott unsere Wege
zum Guten hin wendet,
selbst wenn augenblicklich
so vieles im Argen ist
und wir nicht verstehen,
warum es gerade
uns selbst so hart trifft,
wo trotz aller Fragen

das Vertrauen noch da ist
– wenn auch nur zaghaft –
und Sehnsucht sich meldet
nach Heil und nach Leben,
da haben wir Zukunft,
trotz Krankheit und Last.

Maria, Elisabet –
selig, zwei Frauen,
die darauf vertrauen:
Das Leben ist stärker
als Dunkel und Tod.

Fürbitten

„Selig, die geglaubt hat", so wird Maria gepriesen. Wir bitten dich, Gott,

- um die Kraft zum Glauben und Vertrauen, wenn wir Angst haben vor den Dingen, die auf uns zukommen.
- um die Kraft zum Glauben und Vertrauen, wenn wir ungeduldig werden, weil das, was wir uns erhoffen, so lange auf sich warten lässt.
- um die Kraft zum Glauben und Vertrauen, wenn wir spüren müssen, wie die eigenen Kräfte immer mehr schwinden und nachlassen.
- um die Kraft zum Glauben und Vertrauen, wenn wir verbittert sind, weil gerade wir so viel zu tragen haben.

– um die Kraft zum Glauben und Vertrauen, wenn wir uns nach der Gewissheit sehnen, dass sich alles zum Guten entwickeln wird.

Schlussgebet (siehe S. 247 ff.)

Segensgebet (siehe S. 251 ff.)

In einem Kind das Leben

Kyrieruf

Gott,
- Herr über Himmel und Erde, jetzt Mensch geworden, einer von uns: Herr, erbarme dich ...
- Herr über Leben und Tod, jetzt Mensch geworden, einer von uns: Christus, erbarme dich ...
- Herr über Zeit und Ewigkeit, jetzt Mensch geworden, einer von uns: Herr, erbarme dich ...

Tagesgebet

Gott, wir preisen dich und danken dir, denn du hast uns geschaffen und zum Leben gerufen. So kostbar ist dir der Mensch, dass du selbst Mensch geworden bist, einer von uns. Wir bitten dich: Mache uns fähig, uns ebenso wertvoll und kostbar zu sehen, wie wir es in deinen Augen bereits sind, und diesen Blick auf die Größe des Menschen gerade in den Zeiten zu bewahren, in denen man sich hilflos oder nutzlos vorkommt. Darum bitten wir dich durch Jesus, deinen menschgewordenen Sohn.

Evangelium Lk 2,15–20

Als die Engel die Hirten verlassen hatten und in den Himmel zurückgekehrt waren, sagten die Hirten zueinander: Kommt, wir gehen nach Betlehem, um das Ereignis zu sehen, das uns der Herr verkünden ließ. So eilten sie hin und fanden Maria und Josef und das Kind, das in der Krippe lag. Als sie es sahen, erzählten sie, was ihnen über dieses Kind gesagt worden war. Und alle, die es hörten, staunten über die Worte der Hirten. Maria aber bewahrte alles, was geschehen war, in ihrem Herzen und dachte darüber nach. Die Hirten kehrten zurück, rühmten Gott und priesen ihn für das, was sie gehört und gesehen hatten; denn alles war so gewesen, wie es ihnen gesagt worden war.

Meditation

Die altbekannte Weihnachtsgeschichte – man hört sie mit anderen Ohren, wenn man selbst spüren muss, wie belastet und gefährdet das Leben sein kann. Man hört sie mit anderen Ohren, weil man jetzt besser versteht, was es für den Menschen bedeuten kann, nach Geborgenheit zu suchen wie Maria und Josef, aber keine zu finden und in der Kälte und Dunkelheit des Lebens zu stehen wie die Hirten, aber keine Zukunft zu haben.

Da bekommen die Worte des Engels einen noch gewaltigeren Klang: „Fürchtet euch nicht, denn ich verkünde euch eine große Freude ... Heute ist euch in der Stadt Davids der Retter geboren; es ist der Messias, der Herr."

Es wäre alles beim Alten geblieben, und Weihnachten

hätte sich für die Hirten nie ereignet, wenn sie verbittert bei ihren Schafen geblieben wären, alleine in der dunklen Nacht. Aber sie brechen auf, schöpfen Mut, fangen neu an: „Kommt, wir gehen nach Betlehem, um das Ereignis zu sehen, das uns der Herr verkünden ließ." Und da finden sie das Kind, jenen menschgewordenen Gott, für den wir Menschen so wertvoll sind, dass er jede Schwäche und jede Erbärmlichkeit mit uns teilt.
Will auch ich ihn finden, diesen Gott, muss ich mich auf den Weg machen wie damals die Hirten. Wenn ich dann zu begreifen versuche: In diesem hilflosen, zerbrechlichen Kind in der Krippe, da ist Gott, da beginnt für mich das Leben, dann wird mir vielleicht auch klarer werden, dass es ein Irrtum ist, zu glauben, das Leben sei nur dann wertvoll, wenn der Mensch stark und gesund ist. Und ich werde spüren: Ich brauche mich meiner Schwäche und meiner Erbärmlichkeit nicht mehr zu schämen. Ich bin wertvoll! Ich habe eine Zukunft!
Das Kind in der Krippe – es gibt mir die Kraft und den inneren Frieden, von dem die Engel auf dem Hirtenfeld erzählen.

Fürbitten

Jesus Christus, menschgewordener Gott, Kind in der Krippe, wir bitten dich
- für alle, denen es schwerfällt, an das Gute zu glauben: dass sie die Kraft finden, ihre Enttäuschungen

loszulassen und wieder voll Hoffnung in die Zukunft zu schauen.

- für alle, die sich betrogen vorkommen, weil sie nicht mehr so gesund und vital sind, wie sie einmal waren: Lass sie erkennen, dass der Wert des Lebens nicht in Stärke und Macht liegt, sondern in Liebe und Erbarmen.
- für alle, die von Sorgen und Ängsten geplagt sind: Lass sie erfahren, wie ihre Ängste geringer werden, je mehr sie darauf vertrauen, dass du das, worum sie sich sorgen, zum Guten führst.
- für alle, die wenig von sich selbst halten: Lass sie spüren, wie kostbar und wertvoll sie in deinen Augen sind.

Schlussgebet (siehe S. 247 ff.)

Segensgebet (siehe S. 251 ff.)

Mit Gottes Hilfe

Kyrieruf

Herr, unser Gott,
- der du uns in Treue begleitet hast durch das vergangene Jahr: Herr, erbarme dich …
- der du in Liebe das ergänzt, was unserem Leben an Fülle fehlt: Christus, erbarme dich …
- der du uns auch im neuen Jahr aufrichtest und führst: Herr, erbarme dich …

Tagesgebet

Barmherziger Gott, durch die Geburt deines Sohnes hast du allen Menschen Heil und Zukunft geschenkt. Jetzt, am Ende des alten Jahres, danken wir dir für deine Hilfe und den Schutz, die wir erfahren durften. Für das neue Jahr bitten wir um Kraft und Zuversicht, damit der Mut zum Leben immer stärker bleibt als das, was uns belastet und ängstigt. So rufen wir zu dir durch Jesus Christus, deinen Sohn, unseren Bruder und Herrn.

Evangelium Lk 2,16–21

In jener Zeit eilten die Hirten nach Betlehem und fanden Maria und Josef und das Kind, das in der Krippe lag. Als sie es sahen, erzählten sie, was ihnen über dieses Kind gesagt worden war. Und alle, die es hörten, staunten über die Worte der Hirten. Maria aber bewahrte alles, was geschehen war, in ihrem Herzen und dachte darüber nach. Die Hirten kehrten zurück, rühmten Gott und priesen ihn für das, was sie gehört und gesehen hatten; denn alles war so gewesen, wie es ihnen gesagt worden war. Als acht Tage vorüber waren und das Kind beschnitten werden sollte, gab man ihm den Namen Jesus, den der Engel genannt hatte, noch ehe das Kind im Schoß seiner Mutter empfangen wurde.

Meditation

An der Schwelle vom alten
zum neuen Jahr
bin ich nicht allein.
An meiner Seite ist Gott!
Ich darf vertrauen auf Jesus,
meinen Bruder und Begleiter,
und sein Name macht deutlich,
wie er zu mir steht:
Jesus, das heißt: Gott ist Hilfe!

An der Schwelle vom alten
zum neuen Jahr
darf ich das, was vergangen,
zurückgeben in die Hand
des erbarmenden Gottes:
Er wird es verstehen,

auch das, was misslungen.
Bei ihm ist Vergebung.
Er heilt, was verwundet,
denn sein Name macht deutlich,
wie er zu mir steht:
Jesus, das heißt: Gott ist Hilfe!

An der Schwelle vom alten
zum neuen Jahr
darf ich getrost, ohne Angst,
nun auf das schauen,
was kommen wird.
Der Gott, der zu mir hielt
in vergangenen Zeiten,
er wird auch in Zukunft
mich beschützen, mich begleiten,
mich stärken, mir Mut machen,
damit ich bestehe
in den Kämpfen des Lebens,
in Krankheit und Leid,
in Dunkel und Not,
denn sein Name macht deutlich,
wie er zu mir steht:
Jesus, das heißt: Gott ist Hilfe!

Fürbitten

Gott, du Herr der Zeiten, du Gott unseres Lebens, wir bitten dich

- um die Fähigkeit, das alte Jahr ohne Verbitterung hinter uns lassen zu können.
- um ein dankbares Herz, das erkennt, wie viel Gutes wir aus deiner Hand empfangen haben.
- um die Zuversicht, dass du uns auch im neuen Jahr die Kraft gibst, die wir brauchen, um mit dem Leben zurechtzukommen.
- um das Vertrauen, dass du alles zum Guten führst, auch wenn wir deine Wege manchmal nicht verstehen können.

Schlussgebet (siehe S. 247 ff.)

Segensgebet (siehe S. 251 ff.)

Er kam in sein Eigentum

Kyrieruf

Herr Jesus Christus,
– Wort des Vaters, uns geschenkt als Zeichen der Liebe: Herr, erbarme dich …
– Kind in der Krippe, uns geschenkt als Zeichen des Lebens: Christus, erbarme dich …
– Licht in der Welt, uns geschenkt als Zeichen der Hoffnung: Herr, erbarme dich …

Tagesgebet

Allmächtiger Gott, wer an dich glaubt, für den wird es im Leben nie so dunkel sein, dass es seinen Sinn verliert. Wir bitten dich: Stärke in allen Menschen das Vertrauen, dass ihr Leben kostbar und wertvoll ist, denn du hast ja selbst als Mensch in dieser Welt gelebt. Diejenigen aber, denen das Leben zur Last geworden ist, lass erfahren dürfen, dass du sie aufrichtest und ihnen genug Kraft gibst, um mit dem fertigzuwerden, was sie niederdrückt. Darum bitten wir dich durch Jesus Christus, unseren Herrn, der Mensch wurde und Dunkel und Leid mit den Menschen teilte.

Evangelium Joh 1,1–5.9–14

Im Anfang war das Wort, und das Wort war bei Gott, und das Wort war Gott. Im Anfang war es bei Gott. Alles ist durch das Wort geworden, und ohne das Wort wurde nichts, was geworden ist. In ihm war das Leben, und das Leben war das Licht der Menschen. Und das Licht leuchtet in der Finsternis, und die Finsternis hat es nicht erfasst. Das wahre Licht, das jeden Menschen erleuchtet, kam in die Welt. Er war in der Welt, und die Welt ist durch ihn geworden, aber die Welt erkannte ihn nicht. Er kam in sein Eigentum, aber die Seinen nahmen ihn nicht auf. Allen aber, die ihn aufnahmen, gab er Macht, Kinder Gottes zu werden, allen, die an seinen Namen glauben, die nicht aus dem Blut, nicht aus dem Willen des Fleisches, nicht aus dem Willen des Mannes, sondern aus Gott geboren sind. Und das Wort ist Fleisch geworden und hat unter uns gewohnt, und wir haben seine Herrlichkeit gesehen, die Herrlichkeit des einzigen Sohnes vom Vater, voll Gnade und Wahrheit.

Meditation

Weihnachten – Gott kommt in unser Leben. „Allen aber, die ihn aufnahmen, gab er Macht, Kinder Gottes zu werden."
Weihnachten ist immer – auch jetzt. Jesus steht vor der Tür meines Lebens und bittet um Einlass. Wie werde ich ihn aufnehmen?

Ich kann Jesus im Flur stehen lassen. Sicher, er wäre dann in mein Leben eingetreten – schließlich bin ich ja getauft! –, aber ich würde ihm nur flüchtig begegnen, beim Hinein- oder Herausgehen: Ich zahle die Kirchensteuer, mein Name steht in der Pfarrkartei, aber das wär's dann auch.

Ich kann Jesus aber auch in die gute Stube bitten, die nur bei besonderen Anlässen benutzt wird, bei Feiern wie Weihnachten oder Ostern, bei Taufen, Hochzeiten oder Beerdigungen. Dann begegne ich Jesus nur bei Festlichkeiten; neben Geschenken, Blumen und Festgästen ist auch er am Rande mit dabei.

Ich kann Jesus auch im Kinderzimmer einquartieren. Er wird dann zum lieben Jesulein, das zu einer glücklichen Kindheit dazugehört wie Grimms Märchenbuch. „Früher, da habe ich gebetet, aber jetzt bin ich erwachsen, jetzt muss ich mich um andere Dinge kümmern", heißt es dann später.

Der Platz Jesu im Hause meines Lebens kann auch die Dachkammer oder der Keller sein, Räume, in denen meine Vorräte gelagert sind. Wenn Not am Mann ist, dann gehe ich dorthin und hole die eiserne Ration heraus. Jesus ist dann für mich nur in den Augenblicken wichtig, wo ich nicht mehr weiterweiß. Not lehrt beten, sagt ein altes Sprichwort.

Ich kann Jesus aber auch die Türen zu allen Räumen öffnen, in denen ich lebe. Er ist dann immer bei mir wie ein guter Freund, in guten wie in schlechten Tagen. Ich kann alles mit ihm besprechen, kann Freud und Leid mit ihm teilen. Er wird zu einer unverzichtbaren, ja zur wichtigsten Person in meinem Leben. „Allen aber, die ihn aufnahmen, gab er die Macht, Kinder Gottes zu werden." Jetzt kommt Jesus zu mir, in der heiligen Kommunion. Welchen Platz möchte ich ihm anbieten?

Fürbitten

„Er kam in sein Eigentum, aber die Seinen nahmen ihn nicht auf." Wir bitten Gott, er möge uns bereit machen, ihn in unser Leben aufzunehmen. So beten wir zu ihm:

- Lass uns offen werden für dich, indem wir dir, unserem Schöpfer, danken für die guten Erfahrungen, die wir machen dürfen.
- Lass uns offen werden für dich, indem wir in schweren Stunden den Blick bewahren für das Gute, das uns geblieben ist.
- Lass uns offen werden für dich, indem wir, wenn uns Krankheit und Leid zu schaffen machen, auf die Kraft des Glaubens bauen, die du in uns hineingelegt hast.
- Lass uns offen werden für dich, indem wir in Situationen der Angst und Verzweiflung darauf vertrauen, dass du uns einen Ausweg aus dem Dunkel zeigen kannst.

Schlussgebet (siehe S. 247 ff.)

Segensgebet (siehe S. 251 ff.)

Zum Leben befähigt

Kyrieruf

Herr Jesus Christus,
- Mensch geworden, einer von uns: Herr, erbarme dich …
- an der Seite derer, die in Leid und Schuld sind: Christus, erbarme dich …
- von Gott bestätigt als unser Erlöser: Herr, erbarme dich …

Tagesgebet

Gott, du hast uns Jesus geschenkt, deinen Sohn, der uns zum Bruder wurde. Seit der Taufe ist er mit uns verbunden und steht uns zur Seite, treu und zuverlässig. Hilf uns, gerade in Zeiten, in denen das Leben sich einengt und zur Last wird, offen zu werden und offen zu bleiben für die Fülle an Leben, die du uns ermöglichst, wenn wir das, was uns bewegt, dir anvertrauen. So bitten wir dich durch Jesus Christus, unseren Herrn, den Bruder an unserer Seite.

Evangelium Lk 3,15–16.21–22

In jener Zeit war das Volk voll Erwartung, und alle überlegten im Stillen, ob Johannes nicht vielleicht selbst der Messias sei. Doch Johannes gab ihnen allen

zur Antwort: Ich taufe euch nur mit Wasser. Es kommt aber einer, der stärker ist als ich, und ich bin es nicht wert, ihm die Schuhe aufzuschnüren. Er wird euch mit dem Heiligen Geist und mit Feuer taufen.
Zusammen mit dem ganzen Volk ließ auch Jesus sich taufen. Und während er betete, öffnete sich der Himmel, und der Heilige Geist kam sichtbar in Gestalt einer Taube auf ihn herab, und eine Stimme aus dem Himmel sprach: Du bist mein geliebter Sohn, an dir habe ich Gefallen gefunden.

Meditation

Es kommt aber einer,
der ist stärker als ich,
sagt Johannes der Täufer
und verweist auf Jesus,
den Herrn und Erlöser.

Es kommt aber einer,
der ist stärker als das,
was Menschen oft Angst macht;
der ist stärker als Schuld,
als Krankheit und Leid,
der ist stärker als das,
was das Leben verdunkelt.

Es kommt aber einer,
der will nicht den Tod,
der will, dass wir leben.

Das sagt er nicht nur,
das führt er auch aus:
Er stellt sich hinein
in die Reihe der Schwachen,
die hinabziehen zum Jordan,
um sich taufen zu lassen.
Er, der das Leben ist,
er steht mittendrin
in der Reihe all derer,
die nach Leben sich sehnen.
So geschieht die Erlösung:
Gott beugt sich hinab,
um die aufzurichten,
die von Lasten gebeugt.

Es kommt aber einer,
der ist stärker als ich,
sagt Johannes der Täufer
und verweist auf Jesus,
den Herrn und Erlöser.

Es kommt aber einer …
Er ist jetzt hier da,
im Zeichen des Brotes:
Jesus Christus, das Lamm Gottes,
unser Herr und Erlöser.

Fürbitten

Zu Jesus Christus, mit dem wir verbunden sind durch die Taufe, beten wir:

- Das Leben, das mit der Taufe begonnen hat, gebe uns die Kraft durchzuhalten, wenn Krankheit und Leid uns bedrohen.
- Das Leben, das mit der Taufe begonnen hat, gebe uns die Kraft, darauf zu vertrauen, dass du alles für uns zum Guten führst, auch wenn wir deine Wege mit uns nicht immer verstehen.
- Das Leben, das mit der Taufe begonnen hat, gebe uns die Kraft, der Hoffnung und der Zuversicht mehr Platz in uns einzuräumen als der Sorge und dem Zweifel.
- Das Leben, das mit der Taufe begonnen hat, gebe uns die Kraft zu verzeihen, wenn andere an uns schuldig geworden sind, und um Vergebung zu bitten, wo wir Schuld auf uns geladen haben.

Schlussgebet (siehe S. 247 ff.)

Segensgebet (siehe S. 251 ff.)

Wovon lebt der Mensch?

297

Kyrieruf

Herr Jesus Christus,

– du gibst uns die Kraft, durchzuhalten in den Wüsten des Lebens: Herr, erbarme dich …
– du rufst uns auf, nach den Wegen zu suchen, die zum wahren Leben führen: Christus, erbarme dich …
– du erwartest von uns die Bereitschaft, um Vergebung zu bitten und Vergebung zu schenken: Herr, erbarme dich …

Tagesgebet

Gott, in Zeiten von Krankheit und Not suchen wir mehr als sonst nach einem Halt für unser Leben. Wir bitten dich: Lass uns in dieser österlichen Bußzeit wieder den Weg zu dir finden. Denn wer sonst könnte uns aufrichten und stärken, wenn nicht du, der du uns ins Leben gerufen hast und willst, dass dieses Leben einen guten Weg nimmt. So bitten wir dich durch Jesus Christus, unseren Herrn.

Evangelium Lk 4,1–13

In jener Zeit verließ Jesus, erfüllt vom Heiligen Geist, die Jordangegend. Darauf führte ihn der Geist vierzig Tage lang in der Wüste umher, und dabei wurde Jesus

vom Teufel in Versuchung geführt. Die ganze Zeit über aß er nichts; als aber die vierzig Tage vorüber waren, hatte er Hunger. Da sagte der Teufel zu ihm: Wenn du Gottes Sohn bist, so befiehl diesem Stein, zu Brot zu werden. Jesus antwortete ihm: In der Schrift heißt es: Der Mensch lebt nicht nur von Brot. Da führte ihn der Teufel auf einen Berg hinauf und zeigte ihm in einem einzigen Augenblick alle Reiche der Erde. Und er sagte zu ihm: All die Macht und Herrlichkeit dieser Reiche will ich dir geben; denn sie sind mir überlassen, und ich gebe sie, wem ich will. Wenn du dich vor mir niederwirfst und mich anbetest, wird dir alles gehören. Jesus antwortete ihm: In der Schrift steht: Vor dem Herrn, deinem Gott, sollst du dich niederwerfen und ihm allein dienen. Darauf führte ihn der Teufel nach Jerusalem, stellte ihn oben auf den Tempel und sagte zu ihm: Wenn du Gottes Sohn bist, so stürz dich von hier hinab; denn es heißt in der Schrift: Seinen Engeln befiehlt er, dich zu behüten; und: Sie werden dich auf ihren Händen tragen, damit dein Fuß nicht an einen Stein stößt.
Da antwortete ihm Jesus: Die Schrift sagt: Du sollst den Herrn, deinen Gott, nicht auf die Probe stellen. Nach diesen Versuchungen ließ der Teufel für eine gewisse Zeit von ihm ab.

Meditation

In der Wüste des Lebens,
in Hunger und Versuchung
die entscheidende Frage:
Wovon lebt der Mensch?

In der Wüste der Krankheit,
des Zweifels, der Ängste
die entscheidende Frage:
Wovon lebt der Mensch?

Nicht nur von Brot, so sagt Jesus,
nicht nur vom Essen und Trinken:
Selbst wenn der Körper gesättigt –
der Hunger geht tiefer.

Wovon lebt der Mensch?
Nicht von Reichtum und Macht!
Selbst wer alles hat,
viel Geld und Besitz,
bleibt von Leid nicht verschont.
Gesund oder krank sein
ist keine Frage des Geldes.

Wovon lebt der Mensch?
Er kann sich sein Glück
doch nicht selber machen!
Er kann nicht verfügen
über Leben und Tod.
Er kann nur vertrauen,

dass einen es gibt,
der in seinen Händen ihn trägt,
ihn behütet und stärkt.
Er kann nur vertrauen,
dass Gott, der selbst weiß,
was Wüste bedeutet
und Krankheit und Angst –
dass dieser Gott Kraft gibt,
all das zu durchstehen,
was auf einen zukommt.

Wovon lebt der Mensch?
Wovon lebe ich?
Ist das Vertrauen in mir:
Gott wird mich schon halten!?
Und: Selbst in der Wüste
bin ich nicht allein!?

Fürbitten

Wir beten zu Gott, aus dessen Kraft wir leben:

- Mache uns bereit, die Wochen vor Ostern als eine Zeit zu nutzen, in der wir nach dem suchen, was uns wirklich zum Leben führt.
- Schenke uns die Bereitschaft, falsche Ideale aufzugeben und jene Lebensgewohnheiten abzulegen, die uns letztlich in die Irre führen.
- Sei denen nahe, denen Krankheit, Leid und Not so zusetzen, dass sie meinen, nicht mehr schaffen zu können, was auf sie zukommt, und richte sie auf.

- Gib denen, die sich um kranke und Not leidende Menschen sorgen, jene Kraft und Geduld, die nötig sind, um in Liebe handeln zu können.

Schlussgebet (siehe S. 247 ff.)

Segensgebet (siehe S. 251 ff.)

257 11/14

Ein Blick in den Himmel

Kyrieruf

Herr Jesus Christus,
- Mensch wie wir, in allem uns gleich, außer der Sünde: Herr, erbarme dich …
- Sohn Gottes, in der Herrlichkeit des Himmels: Christus, erbarme dich …
- Brot des Lebens, hier in unserer Mitte: Herr, erbarme dich …

Tagesgebet

Gott, dein Sohn Jesus Christus führt alle, die auf ihn vertrauen, hin zu jenem Leben, das kein Ende kennt. Sieh auf uns, die wir versuchen, aufrecht und ehrlich mit unserem Leben zurechtzukommen, und sieh auch auf alle, die schwer an der Last des Lebens zu tragen haben. Lass uns Mut schöpfen im Blick auf jene Herrlichkeit, welche du allen versprochen hast, die an dich glauben; lass uns im Wissen um unsere gute Zukunft das an Kraft erhalten, was wir brauchen, um in Krankheit, Leid und Not zu bestehen. Darum bitten wir dich durch Jesus Christus, deinen Sohn.

Evangelium Lk 9,28b–36

In jener Zeit nahm Jesus Petrus, Johannes und Jakobus beiseite und stieg mit ihnen auf einen Berg, um zu beten. Und während er betete, veränderte sich das Aussehen seines Gesichtes, und sein Gewand wurde leuchtend weiß. Und plötzlich redeten zwei Männer mit ihm. Es waren Mose und Elija; sie erschienen in strahlendem Licht und sprachen von seinem Ende, das sich in Jerusalem erfüllen sollte. Petrus und seine Begleiter aber waren eingeschlafen, wurden jedoch wach und sahen Jesus in strahlendem Licht und die zwei Männer, die bei ihm standen. Als die beiden sich von ihm trennen wollten, sagte Petrus zu Jesus: Meister, es ist gut, dass wir hier sind. Wir wollen drei Hütten bauen, eine für dich, eine für Mose und eine für Elija. Er wusste aber nicht, was er sagte. Während er noch redete, kam eine Wolke und warf ihren Schatten auf sie. Sie gerieten in die Wolke hinein und bekamen Angst. Da rief eine Stimme aus der Wolke: Das ist mein auserwählter Sohn, auf ihn sollt ihr hören. Als aber die Stimme erklang, war Jesus wieder allein. Die Jünger schwiegen jedoch über das, was sie gesehen hatten, und erzählten in jenen Tagen niemand davon.

Meditation

Ein Blick in den Himmel:
Christus in seiner Herrlichkeit,

der Herr in strahlendem Licht.
Doch wie schnell ist alles vorüber:
Der Alltag kehrt wieder
und mit ihm Wolken und Dunkel.

Ein Blick in den Himmel –
gerade, wenn ein Mensch
mehr das Schwere erfährt,
wenn Leben zur Last wird
und manches bedrückt,
dann träumt er davon,
wie schön es jetzt wäre,
wenn alles im Lichte,
vom Dunkel befreit:
der Traum von dem heilen
und glücklichen Leben –
doch der Alltag kehrt wieder
und mit ihm Wolken und Dunkel.

So ist das im Leben:
Da gibt es Momente,
wo der Himmel sich öffnet,
und dann wieder Zeiten,
in denen vieles beschwerlich.
Gut, darum zu wissen,
in der Last dunkler Tage,
dass Zeiten es gab,
wo das Licht mir geschienen,
und dass dies, so hoffe ich,

auch bald wieder sein wird.
Gut, darum zu wissen,
in der Last dunkler Tage:
Dies ist nur die eine
Seite des Lebens.
Gut, darum zu wissen,
in der Last dunkler Tage:
Mir zur Seite steht Christus,
der in beidem zu Hause,
im Licht und im Dunkel.

In meinen Träumen, meinen Wünschen,
in meinen Zweifeln, meiner Angst,
in all dem, was ich spüre,
erlebe, durchleide,
bin ich nicht allein:
Er, Christus, ist da,
auf den Bergen des Lebens,
in den Tiefen des Daseins –
er, Christus, ist da,
uns im Alltag zu stärken,
damit die Hoffnung uns bleibt
auf einen Blick in den Himmel.

Fürbitten

Wir beten zu Jesus, der uns einen Blick in den Himmel gewährt und uns zeigt, zu welchem guten Ende er unser Leben einmal führen möchte:

- Der Blick in den Himmel helfe uns, in unserem Denken und Fühlen den guten Erfahrungen mehr Platz zu geben als den Ängsten und Zweifeln.
- Der Blick in den Himmel helfe uns, in schweren Zeiten auch dann durchzuhalten, wenn wir aufgeben wollen.
- Der Blick in den Himmel helfe uns, gelassen zu bleiben, wenn die Dinge sich nicht so schnell zum Guten wenden, wie wir das gerne hätten.
- Der Blick in den Himmel helfe uns, barmherziger zu werden mit den Seiten unseres Lebens, die uns nicht gelingen.

Schlussgebet (siehe S. 247 ff.)

Segensgebet (siehe S. 251 ff.)

Umkehren

Kyrieruf

Herr Jesus Christus,
– du bist gekommen, um uns aus Schuld und Bedrängnis zu befreien: Herr, erbarme dich …
– du bist gekommen, um uns zu Besinnung und Umkehr zu rufen: Christus, erbarme dich …
– du bist gekommen, um uns in unseren guten Absichten zu stärken: Herr, erbarme dich …

Tagesgebet

Gütiger Gott, bei dir ist immer Verständnis und Erbarmen zu finden. Gerade dann, wenn wir Krankheit oder Not erfahren, spüren wir stärker als sonst, dass manches in unserem Leben nicht in Ordnung ist. Daher verzeihe uns, wo wir schuldig geworden sind, und gib uns die Kraft, falsche Wege zu verlassen und jene Wege zu suchen, die zu mehr Liebe und mehr Leben führen. So bitten wir dich durch Jesus Christus, unseren Herrn.

Evangelium Lk 13,1–9

Zu jener Zeit kamen einige Leute zu Jesus und berichteten ihm von den Galiläern, die Pilatus beim Opfern umbringen ließ, sodass sich ihr Blut mit dem ihrer Opfertiere vermischte. Da sagte er zu ihnen: Meint ihr, dass nur diese Galiläer Sünder waren, weil das mit ihnen geschehen ist, alle anderen Galiläer aber nicht? Nein, im Gegenteil: Ihr alle werdet genauso umkommen, wenn ihr euch nicht bekehrt. Oder jene achtzehn Menschen, die beim Einsturz des Turms von Schiloach erschlagen wurden – meint ihr, dass nur sie Schuld auf sich geladen hatten, alle anderen Einwohner von Jerusalem aber nicht? Nein, im Gegenteil: Ihr alle werdet genauso umkommen, wenn ihr euch nicht bekehrt. Und er erzählte ihnen dieses Gleichnis: Ein Mann hatte in seinem Weinberg einen Feigenbaum; und als er kam und nachsah, ob er Früchte trug, fand er keine. Da sagte er zu seinem Weingärtner: Jetzt komme ich schon drei Jahre und sehe nach, ob dieser Feigenbaum Früchte trägt, und finde nichts. Hau ihn um! Was soll er weiter dem Boden seine Kraft nehmen? Der Weingärtner erwiderte: Herr, lass ihn dieses Jahr noch stehen; ich will den Boden um ihn herum aufgraben und düngen. Vielleicht trägt er doch noch Früchte; wenn nicht, dann lass ihn umhauen.

Meditation

Umkehren und Früchte bringen –
der Ruf Jesu
in diesen Tagen
der österlichen Bußzeit.

Umkehren heißt,
sich den Dingen stellen:
meiner Krankheit,

meinen Fehlern,
meiner Angst,
meinem Hoffen.

Umkehren heißt,
zur Einsicht kommen:
Es darf nicht alles so weitergehen,
wie es war –
manches führt zum Tode.

Umkehren heißt,
nach vorne zu schauen:
Neues ist möglich.
Es gibt noch Kräfte in mir,
die entfaltet werden wollen,
Früchte, die heranreifen.

Umkehren heißt,
bereit zu sein,
das Leben wieder in die Hand zu nehmen,
soweit die Krankheit, die Beschwerden
dies mir ermöglichen –
nicht zu früh aufzugeben,
nein, noch einmal
– wie der Gärtner in dem Gleichnis –
neu aufzugraben und zu düngen,
dem Leben also, meinem Leben,
von neuem eine Chance zu geben.

Umkehren und Früchte bringen –
der Ruf Jesu

in diesen Tagen der österlichen Bußzeit.
Gott traut mir neues Leben zu
und gibt mir auch die Kraft,
die ich jetzt brauche.

Fürbitten

Herr Jesus Christus, du rufst uns zur Umkehr, denn du willst, dass uns das Leben gelingt.

- Umkehren heißt, sich den Dingen zu stellen: Gib uns den Mut, das Leben so anzunehmen, wie es uns begegnet, und die Kraft, das zu meistern, was es an Schwerem mit sich bringt.
- Umkehren heißt, zur Einsicht zu kommen: Lass uns bereit sein, falsche Lebenswege zu erkennen und jene Verhaltensweisen zu ändern, die gegen die Liebe verstoßen.
- Umkehren heißt, nach vorn zu schauen: Stärke in uns die Hoffnung, dass auch in unserem Leben noch weit mehr an Gutem möglich ist, als wir es augenblicklich erahnen können.
- Umkehren heißt, bereit sein zu einem Neuanfang: Schenke uns die Kraft, dunkle Erfahrungen hinter uns zu lassen und neu zu beginnen, ohne Wenn und Aber, einfach getragen von Zuversicht und Vertrauen.

Schlussgebet (siehe S. 247 ff.)

Segensgebet (siehe S. 251 ff.)

Der Weg zur Versöhnung

Kyrieruf

– Gott Vater, du schenkst uns das Leben. Wir rufen zu dir: Herr, erbarme dich …
– Gott Sohn, du schenkst uns die Versöhnung. Wir rufen zu dir: Christus, erbarme dich …
– Gott, Heiliger Geist, du schenkst uns Kraft und Mut. Wir rufen zu dir: Herr, erbarme dich …

Tagesgebet

Gott, deine Bereitschaft, Vergebung zu schenken, ist so groß, dass du Jesus Christus, deinen Sohn, in unsere Welt gesandt hast, damit er alles mit uns teile, was unser Leben bestimmt – auch die schweren und dunklen Erfahrungen, denen wir ausgeliefert sind. Mache uns offen für die Liebe und Versöhnung, die du uns in Jesus Christus geben möchtest, und hilf uns, uns selbst gegenüber so barmherzig zu werden, wie du es bereits bist. Darum bitten wir dich durch Jesus Christus, unseren Bruder und Herrn.

Evangelium Lk 15,1–3.11–32

In jener Zeit kamen alle Zöllner und Sünder zu Jesus, um ihn zu hören. Die Pharisäer und die Schriftgelehr-

ten empörten sich darüber und sagten: Er gibt sich mit Sündern ab und isst sogar mit ihnen.
Da erzählte er ihnen ein Gleichnis und sagte: Ein Mann hatte zwei Söhne. Der jüngere von ihnen sagte zu seinem Vater: Vater, gib mir das Erbteil, das mir zusteht. Da teilte der Vater das Vermögen auf. Nach wenigen Tagen packte der jüngere Sohn alles zusammen und zog in ein fernes Land. Dort führte er ein zügelloses Leben und verschleuderte sein Vermögen. Als er alles durchgebracht hatte, kam eine große Hungersnot über das Land und es ging ihm sehr schlecht. Da ging er zu einem Bürger des Landes und drängte sich ihm auf; der schickte ihn aufs Feld zum Schweinehüten. Er hätte gern seinen Hunger mit den Futterschoten gestillt, die die Schweine fraßen; aber niemand gab ihm davon. Da ging er in sich und sagte: Wie viele Tagelöhner meines Vaters haben mehr als genug zu essen, und ich komme hier vor Hunger um. Ich will aufbrechen und zu meinem Vater gehen und zu ihm sagen: Vater, ich habe mich gegen den Himmel und gegen dich versündigt. Ich bin nicht mehr wert, dein Sohn zu sein; mach mich zu einem deiner Tagelöhner. Dann brach er auf und ging zu seinem Vater. Der Vater sah ihn schon von weitem kommen, und er hatte Mitleid mit ihm. Er lief dem Sohn entgegen, fiel ihm um den Hals und küsste ihn. Da sagte der Sohn: Vater, ich habe mich gegen den Himmel und gegen dich versündigt; ich bin nicht mehr wert, dein Sohn zu sein. Der Vater aber sagte zu seinen Knechten: Holt

schnell das beste Gewand und zieht es ihm an, steckt ihm einen Ring an die Hand, und zieht ihm die Schuhe an. Bringt das Mastkalb her und schlachtet es; wir wollen essen und fröhlich sein. Denn mein Sohn war tot und lebt wieder; er war verloren und ist wiedergefunden worden. Und sie begannen, ein fröhliches Fest zu feiern.
Sein älterer Sohn war indessen auf dem Feld. Als er heimging und in die Nähe des Hauses kam, hörte er Musik und Tanz. Da rief er einen der Knechte und fragte, was das bedeuten solle. Der Knecht antwortete: Dein Bruder ist gekommen, und dein Vater hat das Mastkalb schlachten lassen, weil er ihn heil und gesund wiederbekommen hat. Da wurde er zornig und wollte nicht hineingehen. Sein Vater aber kam heraus und redete ihm gut zu. Doch er erwiderte dem Vater: So viele Jahre schon diene ich dir, und nie habe ich gegen deinen Willen gehandelt: mir aber hast du nie auch nur einen Ziegenbock geschenkt, damit ich mit meinen Freunden ein Fest feiern konnte. Kaum aber ist der hier gekommen, dein Sohn, der dein Vermögen mit Dirnen durchgebracht hat, da hast du für ihn das Mastkalb geschlachtet. Der Vater antwortete ihm: Mein Kind, du bist immer bei mir, und alles, was mein ist, ist auch dein. Aber jetzt müssen wir uns doch freuen und ein Fest feiern; denn dein Bruder war tot und lebt wieder; er war verloren und ist wiedergefunden worden.

Meditation

Verloren, in der Fremde,
so kann man sich fühlen,
wenn Krankheit oder Alter
das Leben erschweren.

Verloren, in der Fremde,
so kann man sich fühlen,
wenn Schmerzen und Angst
zu ertragen sind.

Verloren, in der Fremde,
da ist auch die Sehnsucht
nach kraftvollem Leben,
nach Heil und Gesundheit
und innerem Frieden.

Und da ist Gott, unser Vater:
Der kommt uns entgegen,
der wartet in Liebe
und richtet uns auf.
Der kann nicht mitansehen,
wie ein Mensch in der Fremde
und Not seines Lebens
verkümmert und leidet.

So wie der Vater im Gleichnis
dem Sohn schenkt das Leben;
so will Gott den Menschen,

der sich an ihn wendet,
mit Leben beschenken,
mit Kraft, Halt und Heil.
Ich darf darauf vertrauen:
Auch in der Fremde des Lebens,
wenn vieles zur Last wird,
gibt es einen, der wartet,
der sich sorgt, um mich bangt,
der versteht und versöhnt.
Es gibt einen, der ruft:
Fasse Mut! Hab Vertrauen:
Es gibt auch für dich
einen Platz im Leben
und die Kraft, ihn zu finden.

Fürbitten

Gott, du nimmst uns in die Arme, wie der Vater den Sohn, und willst uns zum Leben führen. Wir bitten dich:

- Mache uns offen für das Wort der Stärkung, das du jenen zusprichst, denen das Leben mehr Last als Freude ist.
- Mache uns offen für das Wort der Versöhnung, das du jenen zusprichst, die ihre Schuld bekennen und sie bereuen.
- Mache uns offen für das Wort des Friedens, das du jenen zusprichst, die wegen vieler Sorgen und Zweifel nicht zur Ruhe kommen.

– Mache uns offen für das Wort des Trostes, das du jenen zusprichst, die um einen lieben Menschen oder den Verlust einer wertvollen Lebensmöglichkeit trauern.

Schlussgebet (siehe S. 247 ff.)

Segensgebet (siehe S. 251 ff.)

257

Du sollst leben!

Kyrieruf

Herr Jesus Christus,
- du siehst die Not des Menschen und die Schuld, die ihn belastet: Herr, erbarme dich …
- du siehst auch die Sehnsucht des Menschen nach Vergebung und Heil: Christus, erbarme dich …
- du sprichst uns das Wort der Vergebung zu und machst uns Mut zu einem Neuanfang: Herr, erbarme dich …

Tagesgebet

Gott, dein Sohn hat aus Liebe zu uns Menschen alles auf sich genommen, was das Leben schwermacht, auch das Leid und den Tod. So ist und bleibt er an der Seite derer, die leiden und denen manches zur Last geworden ist. Lass uns mit ihm verbunden bleiben und aus dieser Gemeinschaft Kraft und Hoffnung schöpfen für das eigene Leben. So bitten wir dich durch ihn, Jesus Christus, deinen Sohn und unseren Helfer.

Evangelium Joh 8,1–11

In jener Zeit ging Jesus zum Ölberg. Am frühen Morgen begab er sich wieder in den Tempel. Alles Volk kam zu ihm. Er setzte sich und lehrte es. Da brachten die

Schriftgelehrten und die Pharisäer eine Frau, die beim Ehebruch ertappt worden war. Sie stellten sie in die Mitte und sagten zu ihm: Meister, diese Frau wurde beim Ehebruch auf frischer Tat ertappt. Mose hat uns im Gesetz vorgeschrieben, solche Frauen zu steinigen. Nun, was sagst du? Mit dieser Frage wollten sie ihn auf die Probe stellen, um einen Grund zu haben, ihn zu verklagen. Jesus aber bückte sich und schrieb mit dem Finger auf die Erde. Als sie hartnäckig weiterfragten, richtete er sich auf und sagte zu ihnen: Wer von euch ohne Sünde ist, werfe als erster einen Stein auf sie. Und er bückte sich wieder und schrieb auf die Erde. Als sie seine Antwort gehört hatten, ging einer nach dem andern fort, zuerst die Ältesten. Jesus blieb allein zurück mit der Frau, die noch in der Mitte stand. Er richtete sich auf und sagte zu ihr: Frau, wo sind sie geblieben? Hat dich keiner verurteilt? Sie antwortete: Keiner, Herr. Da sagte Jesus zu ihr: Auch ich verurteile dich nicht. Geh und sündige von jetzt an nicht mehr!

Meditation

So sieht Jesus die Dinge:
nicht Abrechnung, nicht Vergeltung,
sondern grenzenloses Erbarmen
und ein tiefes Verständnis
für Menschen in Not.

Doch die übrigen, die dabei sind,
die sehen das anders:

Sie beurteilen, sie werten,
sie ordnen ein, legen fest.
Für sie gibt es nur
ein „Entweder – Oder“.
Für Schwäche, für Versagen
gibt es da keinen Platz.

Und so bleibt die Frage
nach der eigenen Sicht
der Dinge, der Menschen
und der Erfahrung
von Schwäche und Leid.
Werde ich innerlich hart,
ungerecht und verbittert,
wenn mein Leben bedroht ist?
Komm ich nur schwer davon los,
ständig Vorhaltungen zu machen
den Menschen, die um mich sind,
und auch mir selbst?
Oder bleibt mir erhalten
der liebende Blick
auf die anderen, auf mich?
Und bleibt mir erhalten
der Wunsch nach Versöhnung:
die Dinge zu nehmen,
wie sie nun einmal sind,
ohne Bitternis des Herzens,
in innerem Frieden?

Damals war es ein Ehebruch,
der das Leben bedrohte.
Aber die Frau fand Erbarmen,
als ihr Jesus begegnete.

So ist es geblieben.
Wo Menschen, die erfahren,
wie ihr Leben bedroht ist,
die Zuversicht behalten,
dass Jesus sie schützt
und er sie versteht,
wo Menschen sich so in allem, was ist,
der Liebe, dem Erbarmen des Herrn anvertrauen,
dort können sie getrost
in die Zukunft blicken:
Ihr Leben erhält Kraft
von Jesus Christus, dem Heiland,
der zu jedem, der bedroht ist,
das Wort spricht: Du sollst leben!

Fürbitten

Wir beten zu Jesus Christus, der den Menschen in seiner Bedrohung versteht und ihn ermutigt, wieder dem Leben zu trauen:

- Für alle, die sich durch Krankheit oder andere schwere Erfahrungen in die Enge getrieben fühlen: dass sie nicht in Selbstmitleid verfallen, sondern ihre Kraft dafür verwenden, nach dem Ausweg zu suchen, den du ihnen zeigst.

- Für alle, die an einer Schuld tragen und nicht wissen, wie sie von ihr loskommen: dass sie aufhören zu glauben, alles mit sich alleine ausmachen zu müssen, und bereit werden, dich um Vergebung zu bitten und die, an denen sie schuldig geworden sind.
- Für alle, die in Gefahr sind zu verbittern, weil sie ständig ihr Schicksal mit dem von anderen vergleichen: dass sie den Wert ihrer eigenen Person und ihrer eigenen Lebenskraft wieder neu entdecken und zu schätzen wissen.
- Für alle, die sich danach sehnen, in ihrer Lage, so wie sie nun einmal ist, verstanden und angenommen zu sein: dass sie Menschen finden, die das Gute in ihnen sehen und stärken und die ihnen nicht ihr Urteil schenken, sondern ihr Herz.

Schlussgebet (siehe S. 247 ff.)

Segensgebet (siehe S. 251 ff.)

Vater, in deine Hände …

Kyrieruf

Herr Jesus Christus,
- von Menschen umjubelt beim Einzug in Jerusalem: Herr, erbarme dich …
- von Menschen verraten und verlassen am Ölberg: Christus, erbarme dich …
- für alle gestorben am Holz des Kreuzes: Herr, erbarme dich …

Tagesgebet

Allmächtiger, ewiger Gott, Jesus Christus, dein Sohn, hat alle Seiten des Menschseins mit uns geteilt. Ihm ist nichts erspart geblieben: weder Leiden noch Qual, weder Not noch Sterben. Er hat das Leben bis in seine erbärmlichsten Seiten hinein durchlitten. So hat er der Macht des Todes widerstanden und ist für uns zum Erlöser geworden. Lass uns die Kraft haben, wie er das Leid und das Dunkel des Daseins zu durchstehen, um so mit ihm zur Auferstehung und zum endgültigen Leben zu gelangen. So bitten wir dich durch ihn, Jesus Christus, unseren Herrn, der für uns den Weg des Leidens und Sterbens ging, damit wir nicht an Leid und Tod zerbrechen.

Evangelium Lk 23,33–46

Sie kamen zur Schädelhöhe; dort kreuzigten sie Jesus und die Verbrecher, den einen rechts von ihm, den andern links. Jesus aber betete: Vater, vergib ihnen, denn sie wissen nicht, was sie tun. Dann warfen sie das Los und verteilten seine Kleider unter sich. Die Leute standen dabei und schauten zu; auch die führenden Männer des Volkes verlachten ihn und sagten: Anderen hat er geholfen, nun soll er sich selbst helfen, wenn er der erwählte Messias Gottes ist. Auch die Soldaten verspotteten ihn; sie traten vor ihn hin, reichten ihm Essig und sagten: Wenn du der König der Juden bist, dann hilf dir selbst! Über ihm war eine Tafel angebracht; auf ihr stand: Das ist der König der Juden. Einer der Verbrecher, die neben ihm hingen, verhöhnte ihn: Bist du denn nicht der Messias? Dann hilf dir selbst und auch uns! Der andere aber wies ihn zurecht und sagte: Nicht einmal du fürchtest Gott? Dich hat doch das gleiche Urteil getroffen. Uns geschieht recht, wir erhalten den Lohn für unsere Taten; dieser aber hat nichts Unrechtes getan. Dann sagte er: Jesus, denk an mich, wenn du in dein Reich kommst. Jesus antwortete ihm: Amen, ich sage dir: Heute noch wirst du mit mir im Paradies sein.

Es war etwa um die sechste Stunde, als eine Finsternis über das ganze Land hereinbrach. Sie dauerte bis zur neunten Stunde. Die Sonne verdunkelte sich. Der Vorhang im Tempel riss mitten entzwei, und Jesus rief laut: Vater, in deine Hände lege ich meinen Geist. Nach diesen Worten hauchte er den Geist aus.

Meditation

„Vater, in deine Hände lege ich meinen Geist."
Wer so sein Leben
aus den Händen geben kann,
in dem ist Ruhe
und ein tiefer, innerer Frieden.

Am Ende eines langen Leidensweges
ein solches Gottvertrauen!
Nach Schmerz, Verrat und Dornenkrone,
nach Geißelung und Kreuzeslast,
nach Einsamkeit und Todesangst
jetzt dieses Wort:
„Vater, in deine Hände lege ich meinen Geist."
Was muss das für ein tiefer Glaube sein,
der selbst die Dunkelheit des Todes besteht!
Was muss das für ein Gottvertrauen sein,
das dann auch nicht zerbricht,
wenn selbst die Augen brechen!

So schau' ich staunend hin zum Kreuz,
blick' auf den Herrn, auf seinen tiefen Glauben,
der fest bleibt auch im Angesicht des Todes,
und bitte ihn,
dass, wenn's für mich schwer wird,
wenn Angst und Leid

und innere Not mich quälen,
dass dann mein Glaube stark bleibt
und mich hält
und mein Vertrauen fest bleibt
und mich trägt
und dass ich, wie der Herr in seinem Sterben,
dann sagen kann,
in tiefem inneren Frieden:
„Vater, in deine Hände lege ich meinen Geist."

Fürbitten

Dich, unseren leidenden Herrn, bitten wir
- um Kraft und Geduld für alle, deren Leben durch Krankheit und Leid beeinträchtigt ist.
- um Erbarmen und Barmherzigkeit für alle, deren Leben der Versöhnung bedarf.
- um Zuversicht und Mut für alle, deren Leben von Ängsten und Zweifeln belastet ist.
- um Vertrauen und inneren Frieden für alle, deren Leben sich zu Ende neigt.

Schlussgebet (siehe S. 247 ff.)

Segensgebet (siehe S. 251 ff.)

Das Leben bleibt stärker

Kyrieruf

- Gott Vater, Schöpfer allen Lebens: Herr, erbarme dich …
- Gott Sohn, Sieger über den Tod: Christus, erbarme dich …
- Gott Heiliger Geist, Stärke und Kraft für die Menschen: Herr, erbarme dich …

Tagesgebet

Allmächtiger, ewiger Gott, wir danken dir, dass du uns erlöst hast, denn Jesus, dein Sohn, hat dem Tod für immer die Macht genommen. Jetzt dürfen wir sicher sein: Das Leben ist stärker. Was auch immer uns belastet, Krankheit, Leid oder eine innere Not, es wird nicht endgültig über uns verfügen können. Am Ende wird sein ein Leben in Fülle, das Leben mit Jesus, dem Auferstandenen. Lass uns aus dem Wissen um diese gute Zukunft Kraft und Trost schöpfen können. So bitten wir dich durch Jesus Christus, unseren Herrn, der den Tod besiegt und uns das Leben geschenkt hat.

Evangelium Lk 24,1–12

Am ersten Tag der Woche gingen die Frauen mit den wohlriechenden Salben, die sie zubereitet hatten, in aller Frühe zum Grab. Da sahen sie, dass der Stein vom Grab weggewälzt war; sie gingen hinein, aber den Leichnam Jesu, des Herrn, fanden sie nicht. Während sie ratlos dastanden, traten zwei Männer in leuchtenden Gewändern zu ihnen. Die Frauen erschraken und blickten zu Boden. Die Männer aber sagten zu ihnen: Was sucht ihr den Lebenden bei den Toten? Er ist nicht hier, sondern er ist auferstanden. Erinnert euch an das, was er euch gesagt hat, als er noch in Galiläa war: Der Menschensohn muss den Sündern ausgeliefert und gekreuzigt werden und am dritten Tag auferstehen. Da erinnerten sie sich an seine Worte. Und sie kehrten vom Grab in die Stadt zurück und berichteten alles den Elf und den anderen Jüngern. Es waren Maria Magdalene, Johanna und Maria, die Mutter des Jakobus; auch die übrigen Frauen, die bei ihnen waren, erzählten es den Aposteln. Doch die Apostel hielten das alles für Geschwätz und glaubten ihnen nicht. Petrus aber stand auf und lief zum Grab. Er beugte sich vor, sah aber nur die Leinenbinden dort liegen. Dann ging er nach Hause, voll Verwunderung über das, was geschehen war.

Meditation

„Was sucht ihr den Lebenden bei den Toten?“
So fragen die Männer am offenen Grabe.
Der Gekreuzigte lebt,
der Tod ist besiegt!

Und wir, die wir alle
noch diesseits der Schwelle des Todes zu Hause,
schauen ratlos, verwundert,
vielleicht staunend, vielleicht gläubig
in das offene Grab:
Ist ihnen wirklich zu trauen,
den Worten der Männer,
dass der Tod ist entmachtet,
dass das Leben gesiegt hat?
Wo bleibt dieser Sieg inmitten von Krankheit,
inmitten von Ängsten, von Sorgen und Leid?

Wenn es stimmt, was sie sagen,
jene Männer am Grabe,
wenn sie stimmt, jene Frage,
die die Frauen vernahmen:
„Was sucht ihr den Lebenden bei den Toten?“,
dann hat sich für den Menschen
etwas völlig verändert:
Dann führt auch mein Lebensweg
nicht nur in den Tod,
sondern stets hin zum Leben,
zum Leben in Fülle,
das nie mehr bedroht
und nie mehr begrenzt ist.

Was uns ängstigt, ist der Tod.
Was wir suchen, ist das Leben.
Und manchmal ist es so,
dass die Angst vor dem Tod

dem Leben die Kraft nimmt.
Seit Ostern ist es anders:
Weil wir wissen, dass im Sterben
uns erwartet das Leben,
wird die Angst vor dem Tode,
vor Dunkel und Leid
von der Hoffnung begleitet:
Das Leben bleibt stärker!
Die Angst, die Bedrängnis,
sie haben einmal ein Ende,
sind nur Vorstufen zu dem,
was für immer dann sein wird:
das Leben.

Wenn die Gräber auch bleiben,
sie sind offen und leer:
„Was sucht ihr den Lebenden bei den Toten?"

Fürbitten

Zu Jesus Christus, dem Auferstandenen, beten wir:
- Für alle, die heute die Botschaft von Ostern hören, dass sie dieser Botschaft auch wirklich trauen und für sich spüren dürfen, wie durch deine Auferstehung auch ihr Leben eine gute Zukunft hat.
- Für alle, deren augenblickliche Lage mehr von Dunkel und Leid als von Hoffnung und Zuversicht geprägt ist: dass sie der Zusage des Lebens mehr Gehör schenken als den trüben Erfahrungen, die sie niederdrücken.

- Für alle, die nicht vergessen können, wie übel ihnen das Leben schon einmal mitgespielt hat: dass die Botschaft vom Sieg über den Tod ihren Blick hinwendet zu den vielen Lebensmöglichkeiten, die ihnen geblieben sind oder wieder neu geschenkt werden.
- Für alle, denen der Tod einen lieben Menschen genommen hat: dass der Glaube an das endgültige Leben für sie ein Weg ist, mit den Verstorbenen in Liebe verbunden zu bleiben.

Schlussgebet (siehe S. 247 ff.)

Segensgebet (siehe S. 251 ff.)

„Mein Herr und mein Gott!“

Kyrieruf

Jesus Christus, auferstandener Herr:
- du hast den Tod für immer besiegt: Herr, erbarme dich …
- du gibst uns die Kraft, in Dunkel und Leid zu bestehen: Christus, erbarme dich …
- du willst uns einmal zum ewigen Leben führen: Herr, erbarme dich …

Tagesgebet

Barmherziger Gott, in der Taufe hast du uns jenes Leben zugesagt, das niemand mehr uns nehmen kann, auch Leid und Tod nicht. An dieses Leben, das in uns ist, erinnerst du uns in der jährlichen Feier des Osterfestes. Lass uns dankbar daran denken, dass du uns für immer auf die Seite des Lebens gestellt hast, und aus dieser Zuversicht Kraft schöpfen für die Zeiten, in denen das Leben schwer ist. Darum bitten wir dich durch Jesus Christus, unseren auferstandenen Herrn.

Evangelium Joh 20,19–31

Am Abend des ersten Tages der Woche, als die Jünger aus Furcht vor den Juden die Türen verschlossen hat-

ten, kam Jesus, trat in ihre Mitte und sagte zu ihnen: Friede sei mit euch! Nach diesen Worten zeigte er ihnen seine Hände und seine Seite. Da freuten sich die Jünger, dass sie den Herrn sahen. Jesus sagte noch einmal zu ihnen: Friede sei mit euch! Wie mich der Vater gesandt hat, so sende ich euch. Nachdem er das gesagt hatte, hauchte er sie an und sprach zu ihnen: Empfangt den Heiligen Geist! Wem ihr die Sünden vergebt, dem sind sie vergeben; wem ihr die Vergebung verweigert, dem ist sie verweigert.
Thomas, genannt Didymus – Zwilling –, einer der Zwölf, war nicht bei ihnen, als Jesus kam. Die anderen Jünger sagten zu ihm: Wir haben den Herrn gesehen. Er entgegnete ihnen: Wenn ich nicht die Male der Nägel an seinen Händen sehe und wenn ich meine Hand nicht in seine Seite lege, glaube ich nicht. Acht Tage darauf waren seine Jünger wieder versammelt, und Thomas war dabei. Die Türen waren verschlossen. Da kam Jesus, trat in ihre Mitte und sagte: Friede sei mit euch! Dann sagte er zu Thomas: Streck deinen Finger aus – hier sind meine Hände! Streck deine Hand aus und leg sie in meine Seite, und sei nicht ungläubig, sondern gläubig! Thomas antwortete ihm: Mein Herr und mein Gott! Jesus sagte zu ihm: Weil du mich gesehen hast, glaubst du. Selig sind, die nicht sehen und doch glauben.
Noch viele andere Zeichen, die in diesem Buch nicht aufgeschrieben sind, hat Jesus vor den Augen seiner Jünger getan. Diese aber sind aufgeschrieben, damit ihr

glaubt, dass Jesus der Messias ist, der Sohn Gottes, und damit ihr durch den Glauben das Leben habt in seinem Namen.

Meditation

Hier beginnt neues Leben:
Aus dem zweifelnden Thomas
wird ein gläubiger Mensch.
„Mein Herr und mein Gott!"

Dabei sind die Zweifel des Thomas berechtigt,
denn mit der Botschaft vom Leben
ist es oft nicht weit her:
Wo bleibt denn der Sieg
über Krankheit und Tod?
Wo bleibt denn der Sieg
über Elend und Angst?
Die Wirklichkeit spricht eine andere Sprache.

Ja, es stimmt: Auch nach Ostern
bleiben Krankheit und Leid,
und Ängste und Not
sind ein Teil unsres Daseins.
Doch inmitten dieser Welt
von Angst und Bedrohung
steht Jesus Christus, der Herr.
Er selbst, noch gezeichnet
von den Wunden des Todes,
von den Schmerzen und der Qual

auf dem Weg hin zum Kreuz,
er sagt jetzt zu allen:
Mit euch sei der Frieden!
Seht auf mich: In meinen Wunden
wurde Leben mir geschenkt!
Glaubt mir, begreift es,
wenn es sein muss mit den Händen:
Alles Leid führt zum Leben,
jedes Sterben führt zum Licht!

Damals, als die Jünger
dem Auferstandenen begegneten,
begann für sie neues Leben,
und aus dem zweifelnden Thomas
wurde ein gläubiger Mensch.
„Mein Herr und mein Gott."

Und heute, wenn wir hören
von diesem Ereignis,
von den Worten des Herrn:
Mit euch sei der Friede,
das Leid führt zum Leben!,
kann Leben beginnen,
mein Leben, von Neuem.
„Mein Herr und mein Gott."

Fürbitten

Mit Thomas rufen wir zu Jesus Christus, dem Auferstandenen: Mein Herr und mein Gott!

– Mein Herr und mein Gott, sei in unserer Mitte und befreie uns von Zweifeln und Ängsten.
– Mein Herr und mein Gott, sei in unserer Mitte und schenke uns Vergebung und inneren Frieden.
– Mein Herr und mein Gott, sei in unserer Mitte und stärke in uns das Vertrauen in die Kraft des Lebens.
– Mein Herr und mein Gott, sei in unserer Mitte und festige in uns den Glauben, dass du alles zum Guten führst.

Schlussgebet (siehe S. 247 ff.)

Segensgebet (siehe S. 251 ff.)

Wege zum Leben

Kyrieruf

Herr Jesus Christus,
- manchmal ist es wie Nacht in uns vor lauter Enttäuschung und Bitternis: Herr, erbarme dich …
- dann sehnen wir uns nach dem Morgen, dem Morgen der Hoffnung: Christus, erbarme dich …
- du bist es, der Erfüllung schenkt und uns zum Licht des Tages führt: Herr, erbarme dich …

Tagesgebet

Gott, lass die Freude fortdauern, die das Osterfest uns geschenkt hat. Du willst, dass wir uns der Lebenskraft bewusst werden, die du in uns hineingelegt hast. Du willst, dass der Mut zum Leben für uns immer stärker bleibt als das, was uns niederdrückt. So bitten wir dich: Festige in uns das Vertrauen, dass auch unser oft so zerbrechliches Leben einmal ein gutes Ende nimmt und uns hinführt zum ewigen Leben mit dir. Durch Christus, unseren Herrn.

Evangelium Joh 21,1–14

In jener Zeit offenbarte sich Jesus den Jüngern noch einmal. Es war am See von Tiberias, und er offenbarte sich in folgender Weise. Simon Petrus, Thomas, genannt Didymus – Zwilling –, Natanaël aus Kana in Galiläa, die Söhne des Zebedäus und zwei andere von seinen Jüngern waren zusammen. Simon Petrus sagte zu ihnen: Ich gehe fischen. Sie sagten zu ihm: Wir kommen auch mit. Sie gingen hinaus und stiegen in das Boot. Aber in dieser Nacht fingen sie nichts. Als es schon Morgen wurde, stand Jesus am Ufer. Doch die Jünger wussten nicht, dass es Jesus war. Jesus sagte zu ihnen: Meine Kinder, habt ihr nicht etwas zu essen? Sie antworteten ihm: Nein. Er aber sagte zu ihnen: Werft das Netz auf der rechten Seite des Bootes aus, und ihr werdet etwas fangen. Sie warfen das Netz aus und konnten es nicht wieder einholen, so voller Fische war es. Da sagte der Jünger, den Jesus liebte, zu Petrus: Es ist der Herr! Als Simon Petrus hörte, dass es der Herr sei, gürtete er sich das Obergewand um, weil er nackt war, und sprang in den See. Dann kamen die anderen Jünger mit dem Boot – sie waren nämlich nicht weit vom Land entfernt, nur etwa zweihundert Ellen – und zogen das Netz mit den Fischen hinter sich her. Als sie an Land gingen, sahen sie am Boden ein Kohlenfeuer und darauf Fisch und Brot. Jesus sagte zu ihnen: Bringt von den Fischen, die ihr gerade gefangen habt. Da ging Simon Petrus und zog das Netz an Land. Es war mit hundertdreiundfünfzig großen Fischen gefüllt, und obwohl es so viele waren, zerriss das Netz nicht. Jesus sagte zu ihnen: Kommt her und esst! Keiner von den Jüngern wagte ihn zu fragen: Wer bist du? Denn sie wussten, dass es der Herr war. Jesus trat heran, nahm das Brot und gab es ihnen, ebenso den Fisch. Dies war schon das dritte Mal, dass Jesus sich den Jüngern offenbarte, seit er von den Toten auferstanden war.

Meditation

Normalerweise fahren Fischer nachts auf das Meer, um etwas zu fangen. Aber dieses Mal fangen die Jünger nichts.
Normalerweise bleiben Fischer tagsüber zu Hause, weil es da nichts zu holen gibt – die Fische schwimmen zu tief im Meeresgrund. Aber dieses Mal fahren die Jünger tagsüber raus, und sie fangen so viel, dass die Boote zu kentern drohen.
Es gibt Augenblicke im Leben, da ist vieles anders – manchmal sogar alles. Da wird man aus den gewohnten Bahnen herausgeworfen, und die alten Maßstäbe verlieren ihre Gültigkeit. Wer mit einer Krankheit zu kämpfen hat, wer mit der Last des Alters fertig werden muss, der weiß, was es bedeutet, nicht mehr so zu können, wie man gerne möchte. Die Erfahrung der Jünger: Da, wo früher die Netze voll waren, da ist jetzt nichts mehr zu fangen.
Dort, wo es dunkel und hoffnungslos geworden ist, da steht Jesus – oft unbemerkt, aber er ist da, er, der auferstandene Herr! Wo er ist, hat die Nacht die längste Zeit gedauert. Wo er ist, bricht der Morgen an.
Und dann kann es sein, dass Menschen sich auch auf ungewohnten Bahnen zurechtfinden. Dann kann es sein,

dass die Last sich tragen lässt. Dann kann es sein, dass die Kraft zum Leben wiederkommt, auch wenn manche innere oder äußere Not bleibt. Dann kann es sein, dass die Netze der Sehnsucht und der Hoffnung zu Zeiten gefüllt werden, in denen es niemand erwartet hätte.
Er, der sie füllt, er steht in meiner Nähe. Er, der sie füllt, er hält mit mir die erfolglosen Nächte aus. Er, der sie füllt, er sagt zu mir in der Hitze des Tages: Gib dich nicht auf! Lass deine Hoffnungen nicht fallen!
Seit Ostern ist das Leben immer stärker. Es ist auch dort, wo ich es nicht vermute. Ich muss nur lernen, ihn, den Auferstandenen, den Lebendigen, im Morgengrauen zu entdecken – und wenn ich ihn nicht finde, dann wenigstens nach ihm zu rufen.

Fürbitten

Wir beten zu Jesus Christus, der uns aus Unsicherheit und Zweifel zu Glaube und Vertrauen führen will:

- Für alle, in deren Leben es finster geworden ist: dass für sie die Zeit des Dunkels bald ein Ende hat und dass sich ihnen neue Lebensmöglichkeiten auftun.
- Für alle, denen es schwerfällt, mit Enttäuschungen und Verwundungen fertig zu werden: dass sie erfahren dürfen, wie trotz der schweren Dinge, die ihnen zugefügt wurden, ihr Leben seinen Reichtum und seinen Wert behält.
- Für alle, die sich mehr von negativen Erfahrungen in ihrem Leben prägen lassen als von positiven: dass

sie fähig werden, sich den Blick für das Gute zu schärfen und die Hoffnung wachsen zu lassen, die bereits in ihnen ist.
- Für alle, die im Laufe ihres Lebens spüren durften, wie der Glaube ihnen Halt und Trost war: dass diese gute Erfahrung sie auch weiterhin trägt und ihnen die Angst nimmt vor der Zukunft.

Schlussgebet (siehe S. 247 ff.)

Segensgebet (siehe S. 251 ff.)

257

In guten Händen

Kyrieruf

Jesus Christus, auferstandener Herr, guter Hirte,
- du begleitest uns mit deiner Liebe und Sorge: Herr, erbarme dich …
- du hast für uns alles hergegeben, sogar dein Leben: Christus, erbarme dich …
- du willst uns einmal ein Leben schenken, das bleibt und das nie mehr bedroht wird: Herr, erbarme dich …

Tagesgebet

Allmächtiger, ewiger Gott, dein Sohn Jesus Christus sorgt für uns wie ein guter Hirte für seine Schafe. Sogar sein Leben gibt er für uns hin, damit wir uns nicht aufgeben, wenn unser Leben bedroht ist. Wir bitten dich: Wie du ihm nach seinem Leiden und Sterben ewiges Leben geschenkt hast, so schenke auch uns Kraft und Leben auf unserem Weg durch die Mühsal dieser Zeit und führe uns einmal zur ewigen Freude und Gemeinschaft mit dir. Darum bitten wir dich durch ihn, Jesus Christus, unseren guten Hirten.

Evangelium Joh 10,27–30

In jener Zeit sprach Jesus: Meine Schafe hören auf meine Stimme; ich kenne sie und sie folgen mir. Ich gebe ihnen ewiges Leben. Sie werden niemals zugrunde gehen, und niemand wird sie meiner Hand entreißen. Mein Vater, der sie mir gab, ist größer als alle, und niemand kann sie der Hand meines Vaters entreißen. Ich und der Vater sind eins.

Meditation

In welchen Händen ist mein Leben?
Die Frage, sie kann wichtig werden,
gerade dann, wenn Leben in Gefahr,
wenn Krankheit, Schmerzen,
wenn die Last des Alters,
wenn Angst und Sorgen
mir zu schaffen machen.

In welchen Händen ist mein Leben?
Bin ich ein Spielball irgendwelcher Mächte?
Dem Schicksal ausgeliefert?
Hilflos, ohne Wenn und Aber?
Oder bin ich gehalten und getragen
von einem guten Gott,
der um mich weiß,
der weiß um meine Ängste, meine Sorgen,
und der nichts anderes haben will,
als dass ich leben kann?

Du, Jesus, sagst:
„Ich gebe ihnen
ewiges Leben."

Und weiter: „Niemand wird sie
meiner Hand entreißen."
Du sagst: „Sie werden nicht zugrunde gehen!"
All das sagst du zu mir,
zu mir, so wie ich bin,
so wie ich augenblicklich mich erfahre.

Ganz gleich, wie momentan mein Leben ist,
ob's leichter geht
oder ob manches eine Last,
ich darf vertrauen: Es ist in guten Händen,
in Gottes Händen, die es halten,
und über jedem Tag, der mir geschenkt ist,
steht dein Wort:
Wer mir vertraut, wird nicht zugrunde gehen,
und niemand wird ihn meiner Hand entreißen.

Fürbitten

Zu Jesus Christus, dem guten Hirten, rufen wir:

- Wenn das, was wir leidvoll erfahren müssen, unsere Hoffnung auf die Probe stellt, dann lass uns Halt finden in deiner Zusage, dass uns nichts aus deiner Hand entreißen kann.
- Wenn das, was wir ertragen müssen, uns innerlich eng und verbittert macht, dann lass uns Halt finden in deiner Zusage, dass wir in deinen Augen weder wertlos noch vergessen sind.
- Wenn das, was auf uns zukommt, uns unruhig macht, dann lass uns Halt finden in deiner Zusage,

dass wir zu keiner Zeit aus deiner Liebe und Fürsorge herausfallen.

– Wenn das, wonach wir uns sehnen, in weiter Ferne zu liegen scheint, dann lass uns Halt finden in deiner Zusage, dass du uns das, was wir zum Leben brauchen, geben wirst.

Schlussgebet (siehe S. 247 ff.)

Segensgebet (siehe S. 251 ff.)

Ich bin geliebt

Kyrieruf

Herr Jesus Christus,

– du schenkst uns Tag für Tag deine Liebe: Herr, erbarme dich …
– du gibst auch uns die Fähigkeit, Liebe zu empfangen und Liebe zu verschenken: Christus, erbarme dich …
– manchmal verweigern wir uns der Liebe und verschließen uns gegenüber dir und unseren Mitmenschen: Herr, erbarme dich …

Tagesgebet

Gott, unser Vater, wir gehören zu dir. Weil Jesus Christus, dein Sohn, für uns Leid und Tod auf sich genommen hat, sind wir erlöst, und unser irdischer Lebensweg wird uns einmal hineinführen in das ewige Leben bei dir. Wir bitten dich, lass uns an dieser Verheißung des Lebens unerschütterlich festhalten, gerade dann, wenn Krankheit, Leid oder eine andere Not unser Leben zur Last werden lassen. Um diese Zuversicht bitten wir dich durch Jesus Christus, deinen Sohn, unseren auferstandenen Herrn.

Evangelium Joh 13,31–33a.34–35

In jener Zeit, als Judas hinausgegangen war, sagte Jesus: Jetzt ist der Menschensohn verherrlicht, und Gott ist in ihm verherrlicht. Wenn Gott in ihm verherrlicht ist, wird auch Gott ihn in sich verherrlichen, und er wird ihn bald verherrlichen. Meine Kinder, ich bin nur noch kurze Zeit bei euch.
Ein neues Gebot gebe ich euch: Liebt einander! Wie ich euch geliebt habe, so sollt auch ihr einander lieben. Daran werden alle erkennen, dass ihr meine Jünger seid, wenn ihr einander liebt.

Meditation

„Liebt einander! Wie ich euch geliebt habe, so sollt auch ihr einander lieben." Das ist mehr als „Kopf hoch!" und „Gute Besserung". Das ist auch mehr als „Keine Angst, es wird schon wieder werden!" Solche Worte können leicht an der Oberfläche bleiben und zur Floskel werden.
„Liebt einander! Wie ich euch geliebt habe, so sollt auch ihr einander lieben." Da erhält die Liebe einen Maßstab und ein Vorbild: Sie soll sich messen an der Art von Liebe, die Jesus vorgelebt hat. Es ist die Liebe zu den Schwachen. Es ist die Liebe zu den Armen. Es ist die Liebe zu den Kranken und den Leidenden. Es ist die Liebe zu denen, die in Not geraten sind. Es ist die Liebe zu denen, die sich nach dem Leben sehnen.

Da braucht es mehr als ein paar nette Worte. Da braucht es Zeichen und Erfahrungen, die hinter diesen Worten stehen und die sie mit Leben füllen. Die Erfahrung etwa: Ich bin wichtig, wichtig auch für andere! Ich bin und bleibe wertvoll, selbst wenn ich mich als schwach erlebe!
Eine solche Erfahrung, eine solche Liebe kann Mut machen, aufrichten, Leben ermöglichen. Gott schenkt sie uns. In Jesus wird das deutlich, und in dem Sakrament, das wir jetzt feiern: im Brot des Lebens.
„Liebt einander! Wie ich euch geliebt habe, so sollt auch ihr einander lieben." Eine solche Liebe brauchen wir, nicht nur dann, wenn das Leben beschwerlich wird. Gebe Gott, dass wir für diese Liebe offen sind, bereit, sie zu empfangen, und bereit, sie zu verschenken, damit die Hoffnung und die Kraft zum Leben uns erhalten bleiben, und auch die Fähigkeit zur Liebe, die wir selbst haben.

Fürbitten

Jesus Christus, du hast gesagt: „Wie ich euch geliebt habe, so sollt auch ihr einander lieben." Wir bitten dich um die Erfahrung von Liebe

- für diejenigen, denen das Leben zur Last geworden ist.
- für diejenigen, die an den Schwächen und Unvollkommenheiten ihres Lebens leiden.

– für diejenigen, die sich abgelehnt oder an den Rand geschoben fühlen.
– für diejenigen, die Angst haben vor dem, was noch auf sie zukommen könnte.

Schlussgebet (siehe S. 247 ff.)

Segensgebet (siehe S. 251 ff.)

Keine Angst?

Kyrieruf

Herr Jesus Christus,
– du bittest beim Vater für uns um die Kraft zum inneren Frieden: Herr, erbarme dich …
– du bittest beim Vater für uns um die Kraft zur Zuversicht: Christus, erbarme dich …
– du bittest beim Vater für uns um die Kraft des Heiligen Geistes: Herr, erbarme dich …

Tagesgebet

Allmächtiger Gott, in diesen Wochen der Osterzeit feiern wir das Leben, das Jesus allen ermöglicht hat, die sich ihm anvertrauen. Weil er in seinem Leiden und Sterben treu zu dir, seinem Vater, stand, hat er den Tod überwunden und lebt nun für immer. Stärke in uns die Zuversicht, dass dieses Leben auch uns geschenkt wird, wenn wir dir die Treue halten, und lass uns in dieser Zuversicht Kraft schöpfen für die Mühen, die wir zu bestehen haben. Darum bitten wir dich durch ihn, Jesus Christus, unseren auferstandenen Herrn und Bruder.

Evangelium Joh 14,23–29

In jener Zeit sprach Jesus zu seinen Jüngern: Wenn jemand mich liebt, wird er an meinem Wort festhalten;

mein Vater wird ihn lieben, und wir werden zu ihm kommen und bei ihm wohnen. Wer mich nicht liebt, hält an meinen Worten nicht fest. Und das Wort, das ihr hört, stammt nicht von mir, sondern vom Vater, der mich gesandt hat.
Das habe ich euch gesagt, während ich noch bei euch bin. Der Beistand aber, der Heilige Geist, den der Vater in meinem Namen senden wird, der wird euch alles lehren und euch an alles erinnern, was ich euch gesagt habe. Frieden hinterlasse ich euch, meinen Frieden gebe ich euch; nicht einen Frieden, wie die Welt ihn gibt, gebe ich euch. Euer Herz beunruhige sich nicht und verzage nicht. Ihr habt gehört, dass ich zu euch sagte: Ich gehe fort und komme wieder zu euch zurück. Wenn ihr mich lieb hättet, würdet ihr euch freuen, dass ich zum Vater gehe; denn der Vater ist größer als ich. Jetzt schon habe ich es euch gesagt, bevor es geschieht, damit ihr, wenn es geschieht, zum Glauben kommt.

Meditation

„Euer Herz beunruhige sich nicht und verzage nicht." Das ist leicht gesagt. Ich kann doch meine Angst nicht einfach wegschieben!
Es stimmt: Wenn Menschen mir raten, ich solle keine Angst haben, dann klingt das hohl. Sie gehört nun einmal zum Leben, die Angst – sie ist ein ständiger Begleiter, ob ich das möchte oder nicht. „Euer Herz beun-

ruhige sich nicht und verzage nicht." Das sagt mir nicht irgendein Mensch. Das sagt mir Jesus, der Auferstandene. Das sagt mir einer, der weiß, was Menschen Angst macht, und der sich dem Dunkel der Angst gestellt hat – bis hinein in die bittere Einsamkeit am Ölberg. Das sagt mir einer, der vor dem Schmerz und dem Leid nicht geflohen ist und selbst vor dem Sterben nicht, dem Tod in seiner grausamsten Form, dem Tod am Kreuz.

Wer soviel durchlitten hat, der macht keine oberflächlichen Sprüche. Wer soviel durchlitten hat, der weiß, wovon er redet, wenn er sagt: „Euer Herz beunruhige sich nicht und verzage nicht." Er weiß vor allem, dass Angst, Leid und Not nicht endgültig sind. Denn das hat er am eigenen Leib erfahren dürfen: Nach dem Tod am Kreuz hat Gott ihn zu einem neuen Leben gerufen, zu einem Leben, das bleibt, das nie mehr bedroht und nie mehr genommen wird.

Auf jeden Karfreitag folgt ein Ostermorgen. Gewiss, manchmal dauert ein Karfreitag sehr lange – aber mag er noch so dunkel sein, er kann den Ostermorgen nicht aufhalten. Das Leben wird stärker sein und siegen. Seit Ostern ist das sicher.

Und deshalb sagt der Auferstandene: „Euer Herz beunruhige sich nicht und verzage nicht." Er weiß, wovon er spricht.

Fürbitten

Herr Jesus Christus, du hast gesagt: „Euer Herz beunruhige sich nicht und verzage nicht." Im Vertrauen auf dein Wort bitten wir dich

- für diejenigen, die so voller Sorgen sind, dass sie keine Ruhe mehr finden: Schenke ihnen die Kraft, das zu bestehen, was auf sie zukommt.
- für diejenigen, die versuchen, ihre eigenen Sorgen zu überspielen, aber innerlich spüren, wie dies nicht weiterführt: Schenke ihnen die Kraft, ehrlich zu den Fragen und Zweifeln ihres Lebens zu stehen und sich mit dem, was sie bedrückt, anderen mitzuteilen.
- für diejenigen, die schon so lange in Sorgen leben, dass ihnen jede Hoffnung auf bessere Zeiten schwerfällt: Schenke ihnen die Kraft, aus ihrem Dunkel herauszufinden und zuversichtlicher nach vorn zu schauen.
- für diejenigen, die sich in ihren Sorgen immer wieder an dich, ihren Herrn, wenden: Schenke ihnen die Kraft, festzuhalten in dem Glauben, dass bei dir alles in guten Händen ist, und lass sie erfahren, wie dieses Vertrauen sie trägt und aufrichtet.

Schlussgebet (siehe S. 247 ff.)

Segensgebet (siehe S. 251 ff.)

Zu Christus gehören

220

Kyrieruf

Herr Jesus Christus,
- du sagst: Ich schenke euch meine Liebe: Herr, erbarme dich …
- du sagst: Bleibt mit mir verbunden: Christus, erbarme dich …
- du sagst: Ihr werdet meine Herrlichkeit sehen: Herr, erbarme dich …

Tagesgebet

Allmächtiger Gott, wir bekennen, dass unser Erlöser, Jesus Christus, unser Herr, bei dir in deiner Herrlichkeit ist. Er hat uns verheißen, alle Tage bei uns zu bleiben, bis zum Ende unseres Lebens und zum Ende dieser Welt. Lass uns dies erfahren dürfen, gerade in schweren Tagen, um aus dieser Erfahrung Trost, Kraft und Zuversicht schöpfen zu können. Darum bitten wir dich durch Jesus Christus, unseren Herrn, der bei uns bleibt heute und alle Tage und in Ewigkeit.

Evangelium Joh 17,20–26

In jener Zeit erhob Jesus seine Augen zum Himmel und betete: Heiliger Vater, ich bitte nicht nur für diese hier, sondern auch für alle, die durch ihr Wort an mich glauben. Alle sollen eins sein: Wie du, Vater, in mir bist und ich in dir, sollen auch sie in uns sein, damit die Welt glaubt, dass du mich gesandt hast. Und ich habe ihnen die Herrlichkeit gegeben, die du mir gegeben hast; denn sie sollen eins sein, wie wir eins sind, ich in ihnen und du in mir. So sollen sie vollendet sein in der Einheit, damit die Welt erkennt, dass du mich gesandt hast und die Meinen ebenso geliebt hast wie mich. Vater, ich will, dass alle, die du mir gegeben hast, dort bei mir sind, wo ich bin. Sie sollen meine Herrlichkeit sehen, die du mir gegeben hast, weil du mich schon geliebt hast vor der Erschaffung der Welt. Gerechter Vater, die Welt hat dich nicht erkannt, ich aber habe dich erkannt, und sie haben erkannt, dass du mich gesandt hast. Ich habe ihnen deinen Namen bekannt gemacht und werde ihn bekannt machen, damit die Liebe, mit der du mich geliebt hast, in ihnen ist und damit ich in ihnen bin.

Meditation

Die Bitte Jesu an den Vater:
Dort, wo er ist,
dort sollen auch die sein,
die ihm gegeben sind.
Und sie sollen seine Herrlichkeit sehen.

Damit ist klar,
wo unser Lebensweg uns hinführt.

Damit ist klar,
was uns nach Krankheit, Leid und Angst,
was uns nach Not und Tod erwartet.
Denn wir gehören seit der Taufe ja zu denen,
die ihm gegeben sind.
Und deshalb dürfen wir darauf vertrauen,
mit ihm einmal die Herrlichkeit zu sehen.

Gut, das zu hören, jetzt, in diesen Zeiten,
wo Leben oft beschwerlich, eine Last,
sich daran zu erinnern,
dass all das Gute, Helle, Schöne
des Lebens nicht verloren ist,
auch wenn man augenblicklich
wenig davon spürt.
Gut, das zu wissen, dass das Leid, die Last
nicht alles sind,
was einen noch erwartet.

Es ist die Herrlichkeit,
auf die wir zugehen.
Sie ist uns zugesagt.
Wir werden sie genießen,
auch wenn im Augenblick
das Leben anders aussieht.
Denn Jesus bittet seinen Vater,
dass dort, wo er ist,
auch die sein sollen,
die ihm gegeben sind.
Und sie sollen seine Herrlichkeit sehen.

Fürbitten

Zu Jesus Christus, unserem auferstandenen Herrn, der nun für immer beim Vater ist, beten wir:

– Für alle, die nach Halt und Kraft suchen in dem, was sie zu bewältigen haben: Lass sie Wege finden zu einem festen Vertrauen.
– Für alle, die voll Sorge darüber sind, was noch alles an Schwerem und Leid auf sie zukommen könnte: Lass sie Wege finden zu mehr Gelassenheit und Ruhe.
– Für alle, die darunter leiden, dass sie uneins sind mit sich selbst oder mit anderen: Lass sie Wege finden zur Versöhnung und zum Frieden.
– Für alle, die nicht mehr viel von ihrem Leben erwarten, weil zuviel an Krankheit und Leid über sie gekommen ist: Lass sie Wege finden zu neuer Hoffnung und Zuversicht.

Schlussgebet (siehe S. 247 ff.)

Segensgebet (siehe S. 251 ff.)

Komm, Heiliger Geist!

Kyrieruf

- Gott Vater, du, der Gott, der uns erschaffen hat: Herr, erbarme dich …
- Gott Sohn, du, der Gott, der uns erlöst hat: Christus, erbarme dich …
- Gott, Heiliger Geist, du, der Gott, der uns stärkt und aufrichtet: Herr, erbarme dich …

Tagesgebet

Allmächtiger Gott, du lässt uns Menschen mit unserem Schicksal nicht allein. Du sendest uns deinen Geist, damit er uns stärkt und aufrichtet. Schenke uns seine Gaben und lass uns mutig den Weg unseres Lebens weitergehen, damit wir, durch die Kraft des Heiligen Geistes bestärkt, auch das bestehen können, was uns an Schwerem und Leidvollem zugemutet wird. Darum bitten wir dich, der du mit Jesus Christus, unserem Bruder, und dem Heiligen Geist unser Gott bist.

Evangelium Joh 20,19–23

Am Abend des ersten Tages der Woche, als die Jünger aus Furcht vor den Juden die Türen verschlossen hatten, kam Jesus, trat in ihre Mitte und sagte zu ihnen:

Friede sei mit euch! Nach diesen Worten zeigte er ihnen seine Hände und seine Seite. Da freuten sich die Jünger, dass sie den Herrn sahen. Jesus sagte noch einmal zu ihnen: Friede sei mit euch! Wie mich der Vater gesandt hat, so sende ich euch. Nachdem er das gesagt hatte, hauchte er sie an und sprach zu ihnen: Empfangt den Heiligen Geist! Wem ihr die Sünden vergebt, dem sind sie vergeben; wem ihr die Vergebung verweigert, dem ist sie verweigert.

Meditation

Komm zu uns, du heiliger Geist!
Licht von Gott, das Liebe heißt,
strahl ins Dunkel unsrer Welt!

Komm, weil du die Armen liebst!
Komm, weil du uns alles gibst!
Komm, mach unsre Herzen heil!

Du gibst Trost und nimmst die Last;
du bist ein willkommener Gast;
du hältst jung die Christenheit.

Den Gehetzten gibst du Ruh;
hitzig Streiten mäßigst du;
dem, der weint, stehst du zur Seit'.

Strahlend Licht, dein sel'ger Glanz
fülle Geist und Sinne ganz,
mache leicht, was sonst zu schwer!

Ohne dass du in uns webst,
ohne dass du uns belebst,
sind die Herzen tot und leer.

Wasche, was im Schmutz vergeht!
Gieße, was zu trocken steht!
Heile all das Leid der Welt!

Biege, was zu fest und hart!
Taue, was zu Eis erstarrt!
Halte fest, was stürzt und fällt!

Denen, die dir hier vertraun,
die auf keinen Sand mehr baun,
schenke alle Gaben dein!

Führ sie dann, weil sie geliebt,
durch den Tod, der Leben gibt,
in die ew'ge Freude ein!

Veni sancte spiritus: Stephan Langton, Paris, um 1200;
Deutsch: Alfred Schilling, Rechte unbekannt.

Fürbitten

Treuer Gott, am Pfingsttag hast du deinen Geist über die ausgegossen, die auf dich vertrauen. Wir bitten dich:

– Dein Geist komme und stärke alle, die auf Heil und Gesundheit hoffen.
– Dein Geist komme und stärke alle, die von Zweifel und Enttäuschung gequält werden.

- Dein Geist komme und stärke alle, die sich nach Versöhnung und innerem Frieden sehnen.
- Dein Geist komme und stärke alle, die für sich keinen Ausweg mehr sehen.
- Dein Geist komme und stärke alle, die nach Halt und Trost im Glauben suchen.

Schlussgebet (siehe S. 247 ff.)

Segensgebet (siehe S. 251 ff.)

Gott: Vater, Bruder, Begleiter

Kyrieruf

- Gott, unser Vater, wie die Zeiten auch sind, du schenkst uns die Kraft zum Leben: Herr, erbarme dich …
- Jesus, unser Bruder, wie die Zeiten auch sind, du schenkst uns Liebe und Erbarmen: Christus, erbarme dich …
- Gott, Heiliger Geist, wie die Zeiten auch sind, du schenkst uns den Trost, den wir brauchen: Herr, erbarme dich …

Tagesgebet

Gott, in dir ist die Fülle des Lebens: Vater, Sohn und Heiliger Geist. An diesem Leben dürfen alle teilhaben, die an dich glauben und sich zu dir bekennen. Du weißt, wie sehr wir uns nach dem vollen Leben sehnen, gerade in Zeiten, in denen Krankheit, Leid oder eine andere Last dieses Leben einengen. Wir bitten dich: Schenke uns von deinem Leben, damit in uns das Vertrauen auf unsere eigene Lebensfähigkeit wächst. Das gewähre uns durch Jesus Christus, deinen Sohn, in der Kraft des Heiligen Geistes.

Evangelium Joh 16,12–15

In jener Zeit sprach Jesus zu seinen Jüngern: Noch vieles habe ich euch zu sagen, aber ihr könnt es jetzt nicht tragen. Wenn aber jener kommt, der Geist der Wahrheit, wird er euch in die ganze Wahrheit führen. Denn er wird nicht aus sich selbst heraus reden, sondern er wird sagen, was er hört, und euch verkünden, was kommen wird. Er wird mich verherrlichen; denn er wird von dem, was mein ist, nehmen und es euch verkünden. Alles, was der Vater hat, ist mein; darum habe ich gesagt: Er nimmt von dem, was mein ist, und wird es euch verkünden.

Meditation

So ist der Anfang vieler Gebete: „Im Namen des Vaters und des Sohnes und des Heiligen Geistes." In wessen Namen bete ich da? Und wem vertraue ich mich an?
Da ist der Vater: Er, der mir das Leben gibt und die Kraft, es zu bestehen. Der Vater, der seine gute Hand über mich hält und der für mich da ist. Das bewahrt mich nicht vor der Last des Lebens. Das erspart mir weder Krankheit noch Leid. Aber es gibt mir die Gewissheit: In all dem bin ich nicht allein! Es steht einer an meiner Seite, der dafür sorgt, dass sich letztlich alles zum Guten wendet.
Da ist der Sohn, Jesus Christus: Er, der einer von uns geworden ist, unser Bruder. Und der sich auskennt in

dem, was Menschen bewegt. Angst, Not, Leid, Zweifel, Verbitterung – solche Momente sind ihm nicht fremd. Er ist vor ihnen nicht geflohen: Er hat sie durchgestanden! Und am Ende durfte er erfahren, wie das Leben wiederkommt. Der Weg durch Leid und Kreuz hin zur Auferstehung: ein Weg, den Jesus nicht für sich allein gegangen ist. Er will mich mitnehmen. Auch mein Weg soll zum Leben führen.

Da ist der Heilige Geist: Er, der Mut macht, er, der tröstet und aufrichtet. Er gibt mir die Kraft, die ich brauche, um mit dem zurechtzukommen, was mir augenblicklich zugemutet wird. Er stärkt meine Hoffnung. Er befähigt mich zu Geduld und Ausdauer. Der Heilige Geist – der Gott an meiner Seite, mein stiller Begleiter, der mir immer wieder auf die Beine hilft.

Das alles ist Gott, in seiner ganzen Fülle und Lebendigkeit. Ein Gott für uns Menschen: mein Vater, mein Bruder, mein Begleiter. So darf ich beten: „Im Namen des Vaters und des Sohnes und des Heiligen Geistes“, und in diesem Namen leben. Nur in diesem Namen ist Erlösung.

Fürbitten

Wenden wir uns an Gott, in dem die Fülle des Lebens ist:

– Wenn Menschen keinen Mut mehr haben, auf Gutes in ihrem Leben zu hoffen, dann lass du, Gott Vater, sie spüren, wie reich das Leben ist, das du ihnen geschenkt hast.

- Wenn Menschen sich allein und verlassen fühlen, dann lass du, Gott Sohn, sie spüren, wie du an ihrer Seite bleibst und sie begleitest.
- Wenn Menschen keine Kraft mehr haben, um Leid und schwere Stunden zu durchstehen, dann lass du, Gott Heiliger Geist, sie spüren, wie du sie aufrichtest und stärkst.
- Wenn Menschen in Gefahr sind zu verbittern, weil sie nicht mehr das können, wozu andere noch in der Lage sind, dann lass du, Gott der Lebensfülle, sie spüren, wie wertvoll und kostbar gerade jene Lebensmöglichkeiten für sie sind, die sie noch wahrnehmen können.

Schlussgebet (siehe S. 247 ff.)

Segensgebet (siehe S. 251 ff.)

Er füllt die leeren Krüge meines Lebens

Kyrieruf

Gott,
- du schenkst mir die Kraft zum Glauben – mache mich offen für deine Gabe: Herr, erbarme dich …
- du schenkst mir die Kraft zum Hoffen – mache mich offen für deine Gabe: Christus, erbarme dich …
- du schenkst mir die Kraft zum Lieben – mache mich offen für deine Gabe: Herr, erbarme dich …

Tagesgebet

Allmächtiger Gott, alles liegt in deinen Händen; die Schöpfung, die Menschen, Glück und Gesundheit, Sorgen und Leid. Du hast Macht über alles. Du bist stärker als das, was uns ängstigt. Darum kommen wir voll Vertrauen zu dir. Stärke in uns die Kraft zum Leben und die Fähigkeit zur Liebe. Darum bitten wir dich durch Jesus Christus, unseren Herrn.

Evangelium Joh 2,1–11

In jener Zeit fand in Kana in Galiläa eine Hochzeit statt, und die Mutter Jesu war dabei. Auch Jesus und seine Jünger waren zur Hochzeit eingeladen. Als der

Wein ausging, sagte die Mutter Jesu zu ihm: Sie haben keinen Wein mehr. Jesus erwiderte ihr: Was willst du von mir, Frau? Meine Stunde ist noch nicht gekommen. Seine Mutter sagte zu den Dienern: Was er euch sagt, das tut! Es standen dort sechs steinerne Wasserkrüge, wie es der Reinigungsvorschrift der Juden entsprach; jeder fasste ungefähr hundert Liter. Jesus sagte zu den Dienern: Füllt die Krüge mit Wasser! Und sie füllten sie bis zum Rand. Er sagte zu ihnen: Schöpft jetzt, und bringt es dem, der für das Festmahl verantwortlich ist. Sie brachten es ihm. Er kostete das Wasser, das zu Wein geworden war. Er wusste nicht, woher der Wein kam; die Diener aber, die das Wasser geschöpft hatten, wussten es. Da ließ er den Bräutigam rufen und sagte zu ihm: Jeder setzt zuerst den guten Wein vor und erst, wenn die Gäste zuviel getrunken haben, den weniger guten. Du jedoch hast den guten Wein bis jetzt zurückgehalten. So tat Jesus sein erstes Zeichen, in Kana in Galiläa, und offenbarte seine Herrlichkeit, und seine Jünger glaubten an ihn.

Meditation

Wein – ein Zeichen für Leben, für das volle Leben.
Maria sagt zu Jesus: „Sie haben keinen Wein mehr."
Da geht es um mehr als um eine volle Vorratskammer.
Da geht es um das volle Leben – daran fehlt es ihnen, das ist in Gefahr. Es fehlt an Hoffnung und Zuversicht, weil manches schwer geworden ist.

Wie häufig meinen Menschen: Es geht nicht mehr! Ich bin überfordert. Ich weiß nicht mehr, wie ich es schaffen soll. Eine schwere Krankheit, der Verlust an Lebenskraft, die Erfahrung, älter und gebrechlicher zu werden, das Gefühl: Ich habe nicht mehr viel zu erhoffen!, all das sind Momente, die zu dem Stoßseufzer führen können: Es geht nicht mehr! Mein Leben ist – bildhaft gesprochen – mehr schales Wasser als schmackhafter Wein.
Und da geschieht das Wunder von Kana: Jesus will das trübe Wasser meiner Angst und Schwachheit in den köstlichen Wein meiner Zuversicht und Kraft verwandeln. Er füllt die leeren Krüge meines Lebens mit dem Wein des Heilwerdens und der Zuversicht. Ich muss nur bereit sein, mich mit ihm an die Hochzeitstafel zu setzen und mir die leeren Krüge meiner Erfahrung von ihm füllen zu lassen.
Im Grunde findet sie jeden Tag statt, die Hochzeit zu Kana, und ich bin eingeladen mitzufeiern. Der Wein ist noch nicht ausgegangen – es ist genügend da für jeden. Und auch das Mahl ist bereitet: hier, das Brot des Lebens, Jesus Christus, unser Herr und Bruder!
Die Frage ist nur: Halte ich das, was ich hier feiere, auch wirklich für möglich, für mich persönlich? Ist sie in mir noch lebendig, die Sehnsucht nach dem vollen Leben?

Fürbitten

Wir beten zu Jesus Christus, der uns das gibt, was wir zum Leben brauchen:

- Schenke denen, die das Gefühl haben, im Leben häufig zu kurz zu kommen, die Gewissheit, dass auch ihnen der Tisch des Lebens reich gedeckt bleibt.
- Lass diejenigen, die schmerzvoll unter ihrer Gebrechlichkeit und Hinfälligkeit leiden, erfahren dürfen, wie du sie stärkst und aufrichtest.
- Gib denen, die in Angst und Sorge auf ihre Zukunft schauen, das Vertrauen, dass sie – mit deiner Hilfe – die Dinge bestehen werden, die vor ihnen liegen.
- Mache uns bereit, der Sehnsucht und der Hoffnung in uns mehr Gehör zu schenken als den Zweifeln und der Enttäuschung.

Schlussgebet (siehe S. 247 ff.)

Segensgebet (siehe S. 251 ff.)

Von der Sehnsucht nach Heil

Kyrieruf

Herr Jesus Christus,
- du bist gekommen, um das Heil zu bringen, auf das die Menschen warten: Herr, erbarme dich …
- du bist gekommen, um die Vergebung zu schenken, nach der die Menschen sich sehnen: Christus, erbarme dich …
- du bist gekommen, um die Hoffnung zu stärken, von der die Menschen leben: Herr, erbarme dich …

Tagesgebet

Allmächtiger, ewiger Gott, du willst, dass wir die Kraft zum Leben haben und dass uns das Leben gelingt. Wo dein Wille geschieht, da ist es für den Menschen immer zum Nutzen. Daran lass uns denken, und aus dieser Gewissheit lass uns Kraft schöpfen, wenn wir uns sorgen und ängstigen und uns fragen, wie es mit uns weitergehen wird angesichts der Erfahrungen von Krankheit, Leid und innerer Not. Das erbitten wir von dir durch Jesus Christus, unseren Herrn.

Evangelium Lk 1,1–4; 4,14–21

Schon viele haben es unternommen, einen Bericht über all das abzufassen, was sich unter uns ereignet

und erfüllt hat. Dabei hielten sie sich an die Überlieferung derer, die von Anfang an Augenzeugen und Diener des Wortes waren. Nun habe auch ich mich entschlossen, allem von Grund auf sorgfältig nachzugehen, um es für dich, hochverehrter Theophilus, der Reihe nach aufzuschreiben. So kannst du dich von der Zuverlässigkeit der Lehre überzeugen, in der du unterwiesen wurdest.
In jener Zeit kehrte Jesus, erfüllt von der Kraft des Geistes, nach Galiläa zurück. Und die Kunde von ihm verbreitete sich in der ganzen Gegend. Er lehrte in den Synagogen und wurde von allen gepriesen. So kam er auch nach Nazaret, wo er aufgewachsen war, und ging, wie gewohnt, am Sabbat in die Synagoge. Als er aufstand, um aus der Schrift vorzulesen, reichte man ihm das Buch des Propheten Jesaja. Er schlug das Buch auf und fand die Stelle, wo es heißt:
Der Geist des Herrn ruht auf mir; denn der Herr hat mich gesalbt. Er hat mich gesandt, damit ich den Armen eine gute Nachricht bringe; damit ich den Gefangenen die Entlassung verkünde und den Blinden das Augenlicht; damit ich die Zerschlagenen in Freiheit setze und ein Gnadenjahr des Herrn ausrufe.
Dann schloss er das Buch, gab es dem Synagogendiener und setzte sich. Die Augen aller in der Synagoge waren auf ihn gerichtet. Da begann er, ihnen darzulegen: Heute hat sich das Schriftwort, das ihr eben gehört habt, erfüllt.

Meditation

Es klingt zunächst wie ein Märchen: Die Sehnsucht nach einer heilen Welt, die Sehnsucht nach einem heilen Leben, sie hat sich erfüllt in Jesus Christus.
Es klingt zunächst wie in einem Märchen, zumal, wenn man bedenkt, wie vieles noch fehlt zu einem heilen Leben. Wer krank ist, wer sich schwach fühlt, wer erfährt, wie die Kräfte nachlassen, der spürt am eigenen Leib, wie unfertig das Leben noch ist.
Aber gerade dann, wenn man den schweren Seiten des Daseins nicht mehr ausweichen kann, hört man die Worte Jesu mit anderen, vielleicht mit offeneren Ohren als diejenigen, die meinen, ihr Schicksal fest im Griff zu haben. Und das, was Jesus sagt, wird auf einmal zum Ausdruck einer ganz konkreten Hoffnung: „Er hat mich gesandt, damit ich den Armen eine gute Nachricht bringe; damit ich den Gefangenen die Entlassung verkünde und den Blinden das Augenlicht; damit ich die Zerschlagenen in Freiheit setze …" Ja, auch ich brauche ein gutes Wort, ja, auch ich sehne mich nach mehr Freiheit gegenüber meinen Zwängen und Ängsten, ja, auch ich wünsche mir mehr Durchblick gegenüber den Dingen, die auf mich zukommen, ja, auch ich brauche mehr Mut und Zuversicht, wenn ich niedergedrückt bin und mich wie zerschlagen fühle.
Es klingt zunächst wie ein Märchen? Er, der uns das verheißt, er, der sagt: Ich bin gesandt, damit ich „ein Gnadenjahr des Herrn ausrufe", er ist kein Phantast. Er

ist selbst den Weg des Leidens und Sterbens gegangen, für uns, damit wir an Leid und Tod nicht zerbrechen. Das macht ihn glaubwürdig – ihn und das, was er sagt.

Fürbitten

Wir beten zu Jesus Christus, der gekommen ist, um uns zum Heil zu führen:

– Du sagst: Ich bin gesandt, damit ich den Armen eine gute Nachricht bringe. Erbarme dich derer, die arm sind an Erfahrungen von Liebe und Geborgenheit.
– Du sagst: Ich bin gesandt, damit ich den Gefangenen die Entlassung verkünde. Erbarme dich derer, die gefangen sind in ihren Fehlern und Ängsten.
– Du sagst: Ich bin gesandt, damit ich den Blinden das Augenlicht bringe. Erbarme dich derer, die für sich keinen Ausweg sehen.
– Du sagst: Ich bin gesandt, damit ich die Zerschlagenen in Freiheit setze. Erbarme dich derer, die sich niedergeschlagen und kraftlos fühlen.

Schlussgebet (siehe S. 247 ff.)

Segensgebet (siehe S. 251 ff.)

Offen werden für Gott

Kyrieruf

Herr Jesus Christus,
- du willst den Menschen befreien aus seiner inneren Armut: Herr, erbarme dich …
- du willst den Menschen befreien aus seiner inneren Blindheit: Christus, erbarme dich …
- du willst den Menschen befreien aus seinen Zwängen und Ängsten: Herr, erbarme dich …

Tagesgebet

Herr, unser Gott, wir loben und preisen dich. Denn dir verdanken wir nicht nur unser Leben, dir verdanken wir auch die Kraft, die wir brauchen, um mit diesem Leben zurechtzukommen. Jeder Mensch ist für dich wertvoll. Wir bitten dich: Schenke uns einen ähnlich hochherzigen Blick für unser Leben und das unserer Mitmenschen, wie du ihn hast. Dann werden wir auch fähig sein, die schweren Seiten des Lebens besser zu ertragen. Das erbitten wir von dir durch Jesus Christus, unseren Herrn.

Evangelium Lk 4,21–30

In jener Zeit begann Jesus in der Synagoge in Nazaret darzulegen: Heute hat sich das Schriftwort, das ihr eben gehört habt, erfüllt. Seine Rede fand bei allen Beifall; sie staunten darüber, wie begnadet er redete, und sagten: Ist das nicht der Sohn Josefs? Da entgegnete er ihnen: Sicher werdet ihr mir das Sprichwort vorhalten: Arzt, heile dich selbst! Wenn du in Kafarnaum so große Dinge getan hast, wie wir gehört haben, dann tu sie auch hier in deiner Heimat! Und er setzte hinzu: Amen, das sage ich euch: Kein Prophet wird in seiner Heimat anerkannt. Wahrhaftig, das sage ich euch: In Israel gab es viele Witwen in den Tagen des Elija, als der Himmel für drei Jahre und sechs Monate verschlossen war und eine große Hungersnot über das ganze Land kam. Aber zu keiner von ihnen wurde Elija gesandt, nur zu einer Witwe in Sarepta bei Sidon. Und viele Aussätzige gab es in Israel zur Zeit des Propheten Elischa. Aber keiner wurde von ihnen geheilt, nur der Syrer Naaman. Als die Leute in der Synagoge das hörten, gerieten sie alle in Wut. Sie sprangen auf und trieben Jesus zur Stadt hinaus; sie brachten ihn an den Abhang des Berges, auf dem ihre Stadt erbaut war, und wollten ihn hinabstürzen. Er aber schritt mitten durch die Menge hindurch und ging weg.

Meditation

Das Sprichwort sagt: Der Glaube kann Berge versetzen. Aber manchmal ist die Erfahrung auch anders: Selbst der Glaube scheint nicht viel weiterzuhelfen.

Das bittere Erlebnis mancher Menschen: Da habe ich gebetet und gebetet, aber es ist doch ganz anders gekommen! Wem es häufig so ergeht, der ist in Gefahr zu verzweifeln: Was ist das für ein Gott, der einen so im Stich lässt!?

Glaube und Glaube sind zweierlei. Ein Glaube, der Gott vorschreibt, was er zu tun hat, ein solcher Glaube muss in die Irre führen – denn ihm fehlt das Vertrauen. Ebenso ein Glaube, der eigentlich nichts anderes will, als in seiner eigenen Meinung bestätigt zu werden. Das war der Fehler der Leute aus Nazaret: Sie ließen sich nicht in Frage stellen.

Im Grunde verlangt Jesus eine ganze Menge. Glauben heißt für ihn, bereit zu sein, alte Vorstellungen hinter sich zu lassen und offen zu werden für das Neue. Glauben heißt für ihn, darauf zu vertrauen, dass auch das Ungewohnte, auf das man sich einstellen muss, einen Sinn haben kann.

Eine Krankheit verlangt oft Ähnliches. Die Art, wie ein Mensch sich auf eine Erkrankung einlässt, hat etwas mit der Art zu tun, wie er seinen Glauben lebt. Beides erfordert Vertrauen und Offenheit. Wer die Botschaft entdeckt, die in seiner Krankheit verborgen liegt, findet den Weg zu einem neuen Leben.

Damals, in Nazaret, war es den meisten nicht möglich, sich dem zu öffnen, was Gott ihnen sagen wollte. So war auch kein Platz für Heil und Heilung. Gebe Gott, dass es bei uns anders ist.

Fürbitten

Wir beten zu Jesus Christus, der uns zu Glauben und Vertrauen ruft:

- Lass uns offen werden für die Wege, die zu einer tieferen Lebenserfahrung führen.
- Lass uns offen werden für die Zuversicht, dass du uns trägst und hältst, auch wenn unsere Wege anders verlaufen, als wir uns das wünschen.
- Lass uns offen werden für die Gewissheit, dass auch in Krankheit und Leid unser Leben seinen Sinn und seine Würde behält.
- Lass uns offen werden für das Vertrauen, dass uns in jeder Lebenssituation die Kraft zuwächst, die wir brauchen.

Schlussgebet (siehe S. 247 ff.)

Segensgebet (siehe S. 251 ff.)

Es ist genügend da zum Leben

Kyrieruf

Herr Jesus Christus,
- du rufst mir zu: Habe Mut zum Leben, auch wenn Leid dir zu schaffen macht! – Herr, erbarme dich …
- du rufst mir zu: Habe Mut zur Hoffnung, auch wenn Zweifel dich plagen! – Christus, erbarme dich …
- du rufst mir zu: Habe Mut zum Vertrauen, auch wenn Ängste dich quälen! – Herr, erbarme dich …

Tagesgebet

Gott, unser Vater, du hast uns geschaffen. Du hältst unser Leben in deinen guten Händen. Bleibe uns nahe in jeder Not und Gefahr, schütze uns und stärke in uns das Vertrauen, dass du alles zum Guten führst, auch das, was wir leidvoll und schmerzhaft erfahren müssen. Darum bitten wir dich durch Jesus Christus, unseren Bruder und Herrn.

Evangelium Lk 5,1–11

In jener Zeit, als Jesus am Ufer des Sees Gennesaret stand, drängte sich das Volk um ihn und wollte das Wort Gottes hören. Da sah er zwei Boote am Ufer liegen. Die Fischer waren ausgestiegen und wuschen ihre Netze. Jesus stieg in das Boot, das dem Simon gehörte, und bat ihn, ein Stück weit vom Land wegzufahren.

Dann setzte er sich und lehrte das Volk vom Boot aus. Als er seine Rede beendet hatte, sagte er zu Simon: Fahr hinaus auf den See! Dort werft eure Netze zum Fang aus! Simon antwortete ihm: Meister, wir haben die ganze Nacht gearbeitet und nichts gefangen. Doch wenn du es sagst, werde ich die Netze auswerfen. Das taten sie, und sie fingen eine so große Menge Fische, dass ihre Netze zu reißen drohten. Deshalb winkten sie ihren Gefährten im anderen Boot, sie sollten kommen und ihnen helfen. Sie kamen, und gemeinsam füllten sie beide Boote bis zum Rand, sodass sie fast untergingen. Als Simon Petrus das sah, fiel er Jesus zu Füßen und sagte: Herr, geh weg von mir; ich bin ein Sünder. Denn er und alle seine Begleiter waren erstaunt und erschrocken, weil sie so viele Fische gefangen hatten; ebenso ging es Jakobus und Johannes, den Söhnen des Zebedäus, die mit Simon zusammenarbeiteten. Da sagte Jesus zu Simon: Fürchte dich nicht! Von jetzt an wirst du Menschen fangen. Und sie zogen die Boote an Land, ließen alles zurück und folgten ihm nach.

Meditation

Fischfang zu einer unmöglichen Zeit –
mitten am Tage,
wo kein Fisch mehr anbeißt,
geschieht dieses Wunder:
Die Netze sind voll.
Es ist genügend da zum Leben.

Hoffen zu einer unmöglichen Zeit –
mitten im Kranksein,
wo die Sorgen vorherrschen,
geschieht dieses Wunder:
Die Zuversicht wächst.
Es gibt wieder Aussicht
auf Leben und Kraft.

Du, Herr, machst mir deutlich:
Es muss niemand darben,
der dir fest vertraut
und folgt deinem Rufe:
Fahr hinaus, trau dem Leben!

Du, Herr, machst mir deutlich:
Es reicht immer aus,
was das Leben mir bietet.
Ich muss mich nicht sorgen,
wie ich all das schaffe,
was noch auf mich zukommt.
Du gibst mir die Kraft,
die täglich ich brauche,
um leben zu können.

Leben zu einer unmöglichen Zeit –
mitten im Kranksein
geschieht dieses Wunder:
Auf dein Wort hin, Herr,
ist genügend da zum Leben.

Fürbitten

Zu Jesus Christus, der uns gibt, was wir zum Leben brauchen, beten wir:

- Für diejenigen, die das Gefühl haben, das Leben bringe ihnen Last und Enttäuschung: Gib ihnen einen offenen Blick für das Schöne, das in ihnen und um sie herum geschieht.
- Für diejenigen, denen Krankheit und Leid schwer zu schaffen machen: Festige sie in dem Vertrauen, von dir genügend Kraft zu erhalten, um in dieser harten Zeit zu bestehen.
- Für diejenigen, die sich Sorgen machen, wie es mit ihnen weitergehen soll: Stärke in ihnen die Zuversicht, mit deiner Hilfe das, was auf sie zukommt, meistern zu können.
- Für diejenigen, die hungern nach einem guten Wort: Schenke ihnen Begegnungen, in denen sie das finden, wonach sie sich sehnen.

Schlussgebet (siehe S. 247 ff.)

Segensgebet (siehe S. 251 ff.)

Ich muss nicht stark sein

Kyrieruf

Herr Jesus Christus,
- du bist gekommen, um denen nahe zu sein, die sich verlassen fühlen: Herr, erbarme dich …
- du bist gekommen, um die zu stärken, die schwer zu tragen haben: Christus, erbarme dich …
- du bist gekommen, um die zu speisen, die nach dem Leben hungern: Herr, erbarme dich …

Tagesgebet

Gott, du liebst alles, was du geschaffen hast. Du liebst jeden Menschen. So gibst du uns die Kraft, die nötig ist, um mit dem Leben und dem, was es mit sich bringt, zurechtzukommen. Lass uns diese Kraft spüren und aus ihr Hoffnung und Zuversicht schöpfen. Darum bitten wir dich durch Jesus Christus, unseren Herrn und Bruder.

Evangelium Lk 6,17.20–26

In jener Zeit stieg Jesus mit seinen Jüngern den Berg hinab. In der Ebene blieb er mit einer großen Schar seiner Jünger stehen, und viele Menschen aus ganz Judäa und Jerusalem und dem Küstengebiet von Tyrus und Sidon strömten herbei. Jesus richtete seine Augen auf seine Jünger und sagte: Selig, ihr Armen, denn euch gehört das Reich Gottes. Selig, die ihr jetzt hungert, denn ihr werdet satt werden. Selig, die ihr jetzt weint, denn ihr werdet lachen. Selig seid ihr, wenn euch die Menschen hassen und aus ihrer Gemeinschaft ausschließen, wenn sie euch beschimpfen und euch in Verruf bringen um des Menschensohnes willen. Freut euch und jauchzt an jenem Tag; euer Lohn im Himmel wird groß sein. Denn ebenso haben es ihre Väter mit den Propheten gemacht. Aber weh euch, die ihr reich seid; denn ihr werdet hungern. Weh euch, die ihr jetzt lacht; denn ihr werdet klagen und weinen. Weh euch, wenn euch alle Menschen loben; denn ebenso haben es ihre Väter mit den falschen Propheten gemacht.

Meditation

Selig, die arm sind? –
Ich höre es oft anders:
Nicht: Selig, die arm sind,
sondern: Hauptsache, Ich!
Nicht: Selig, die hungern,
sondern: Ich möchte alles!
Nicht: Selig, die weinen,
sondern: Vergnügen hat Vorrang!

Selig, die arm sind? –
Ich höre es oft anders:
Lieber jung, stark, dynamisch

als schwach oder hilflos.
Nur ein Mensch, der gesund ist,
lebt sinnvoll und glücklich.

Selig, die arm sind? –
So sagst du es, Herr:
Der Sinn meines Lebens
ist nicht Stärke und Größe,
der Sinn meines Lebens
ist Hoffen, Sich-Sehnen,
ist Lachen und Weinen,
ist Trauer und Glück.
Zum Sinn meines Lebens
gehört auch das Schwere,
das Dunkle, der Zweifel,
die Ohnmacht, die Last.

Selig, die arm sind? –
Du legst deinen Segen
auf *alles* Erleben:
Ich muss nicht erst stark sein,
um dir zu gefallen.
Ich darf mich dir zeigen,
so wie ich bin,
mit Hoffen und Zweifel,
mit Höhen und Tiefen.

Der Sinn meines Lebens
liegt nicht in der Leistung.
Der Sinn meines Lebens

liegt in dem Vertrauen,
geborgen zu sein
mit all den Gefühlen,
die augenblicklich
mein Dasein bestimmen.

Fürbitten

Wir beten zu Jesus Christus, der uns verheißen hat: „Euer Lohn im Himmel wird groß sein!“:

- Für diejenigen, denen das Leben nutzlos zu sein scheint, weil sie nicht mehr so leistungsfähig sind wie früher: Lass sie erkennen, dass es im Leben letztlich nicht auf Leistung ankommt, sondern auf Liebe, Vertrauen und Hoffnung.
- Für diejenigen, die sich schämen, Schwäche zu zeigen: Lass sie spüren, dass sie auch in ihrer Schwachheit angenommen und geachtet sind.
- Für diejenigen, die sich nach Zuwendung und menschlicher Nähe sehnen: Lass ihnen Menschen begegnen, die es gut mit ihnen meinen und Zeit für sie haben.
- Für diejenigen, die schwer und unheilbar erkrankt sind: Bleibe an ihrer Seite und stärke sie, damit sie an ihrem Schicksal nicht zerbrechen.

Schlussgebet (siehe S. 247 ff.)

Segensgebet (siehe S. 251 ff.)

Barmherzig sein

Kyrieruf

Herr Jesus Christus,
- barmherzig mit allen, die Trost brauchen: Herr, erbarme dich …
- barmherzig mit allen, die Vergebung brauchen: Christus, erbarme dich …
- barmherzig mit allen, die Hilfe brauchen: Herr, erbarme dich …

Tagesgebet

Barmherziger Gott, der Weg, den du mit uns vorhast, führt zum Leben und zum Glück. Hilf uns, diesen Weg zu finden, und mache uns bereit, ihn auch dann zu gehen, wenn er anders verlaufen sollte, als wir uns das gedacht haben. Darum bitten wir durch Jesus Christus, deinen Sohn, der uns zum Bruder wurde.

Evangelium Lk 6,27–38

In jener Zeit sprach Jesus zu seinen Jüngern: Euch, die ihr mir zuhört, sage ich: Liebt eure Feinde; tut denen Gutes, die euch hassen. Segnet die, die euch verfluchen; betet für die, die euch misshandeln. Dem, der dich auf eine Wange schlägt, halt auch die andere hin, und dem, der dir den Mantel wegnimmt, lass auch das

Hemd. Gib jedem, der dich bittet; und wenn dir jemand etwas wegnimmt, verlang es nicht zurück. Was ihr von anderen erwartet, das tut ebenso auch ihnen. Wenn ihr nur die liebt, die euch lieben, welchen Dank erwartet ihr dafür? Auch die Sünder lieben die, von denen sie geliebt werden. Und wenn ihr nur denen Gutes tut, die euch Gutes tun, welchen Dank erwartet ihr dafür? Das tun auch die Sünder. Und wenn ihr nur denen etwas leiht, von denen ihr es zurückzubekommen hofft, welchen Dank erwartet ihr dafür? Auch die Sünder leihen Sündern in der Hoffnung, alles zurückzubekommen. Ihr aber sollt eure Feinde lieben und sollt Gutes tun und leihen, auch wo ihr nichts dafür erhoffen könnt. Dann wird euer Lohn groß sein, und ihr werdet Söhne des Höchsten sein; denn auch er ist gütig gegen die Undankbaren und Bösen. Seid barmherzig, wie es auch euer Vater ist!
Richtet nicht, dann werdet auch ihr nicht gerichtet werden. Verurteilt nicht, dann werdet auch ihr nicht verurteilt werden. Erlasst einander die Schuld, dann wird auch euch die Schuld erlassen werden. Gebt, dann wird auch euch gegeben werden. In reichem, vollem, gehäuftem, überfließendem Maß wird man euch beschenken; denn nach dem Maß, mit dem ihr messt und zuteilt, wird auch euch zugeteilt werden.

Meditation

Barmherzig sein –
barmherzig sein nicht nur mit anderen,
barmherzig sein vor allem
mit sich selbst:

barmherzig sein mit meinen Schwächen,
barmherzig sein mit meinem Unvermögen,
barmherzig sein mit meinen Ängsten,
barmherzig sein mit meiner Ungeduld,

barmherzig sein mit meinen Niederlagen,
barmherzig sein mit meinen unerfüllten Wünschen,
barmherzig sein mit meiner Bitterkeit,
barmherzig sein mit meinem wunden Leben.

Barmherzig sein –
so einfach ist das nicht.
Barmherzig sein, so wie es Gott, der Vater,
schon immer ist
mit uns und all den Dingen,
die unser Leben prägen,
hoffnungsvoll wie schwer.
Um diese Gabe der Barmherzigkeit
bitte ich dich,
Vater, du mein Gott,
um jene Sicht des Lebens, die ermutigt,
die nicht mehr kleinlich rechnet und vergleicht,
sondern die dankbar schaut auf das, was da ist,

mit jenen Augen der Barmherzigkeit,
mit der du immer schon
mein Leben siehst.

Nur dieser Blick kann heilen.
Nur dieser Blick macht Mut –
und richtet auf.

Fürbitten

Jesus Christus sagt: „Seid barmherzig, wie es auch euer Vater ist!" So bitten wir ihn:

- Lass uns barmherzig sein gegenüber anderen und gegenüber uns selbst, wenn wir auf Fehler und Ungereimtheiten stoßen.
- Lass uns barmherzig sein gegenüber anderen und gegenüber uns selbst, wenn wir spüren, wie die Kräfte nachlassen.
- Lass uns barmherzig sein gegenüber anderen und gegenüber uns selbst, wenn Ungeduld und Zweifel uns plagen.
- Lass uns barmherzig sein gegenüber anderen und gegenüber uns selbst, wenn wir versagt haben und schuldig geworden sind.

Schlussgebet (siehe S. 247 ff.)

Segensgebet (siehe S. 251 ff.)

Ehrlich vor Gott

Kyrieruf

Herr Jesus Christus,
- du bist bereit, uns Erbarmen und Versöhnung zu schenken: Herr, erbarme dich …
- du erwartest auch von uns die Bereitschaft, anderen zu vergeben: Christus, erbarme dich …
- mache uns fähig zu Vertrauen, Liebe und Barmherzigkeit: Herr, erbarme dich …

Tagesgebet

Gott, du lenkst unsere Wege. Wo dein Wille geschieht, da ist Leben und Frieden. Stärke in uns die Hoffnung, dass unsere Sorgen und Ängste schwinden, je mehr wir unser Schicksal in deine Hände legen, und gib uns die Gelassenheit, unsere Mitmenschen und unser eigenes Leben mit verständnisvollen und barmherzigen Augen zu sehen. Darum bitten wir dich durch Jesus Christus, unseren Herrn.

Evangelium Lk 6,39–45

In jener Zeit sprach Jesus zu seinen Jüngern: Kann ein Blinder einen Blinden führen? Werden nicht beide in eine Grube fallen? Der Jünger steht nicht über seinem Meister; jeder aber, der alles gelernt hat, wird wie sein

Meister sein. Warum siehst du den Splitter im Auge deines Bruders, aber den Balken in deinem eigenen Auge bemerkst du nicht? Wie kannst du zu deinem Bruder sagen: Bruder, lass mich den Splitter aus deinem Auge herausziehen!, während du den Balken in deinem eigenen Auge nicht siehst? Du Heuchler! Zieh zuerst den Balken aus deinem Auge; dann kannst du versuchen, den Splitter aus dem Auge deines Bruders herauszuziehen.
Es gibt keinen guten Baum, der schlechte Früchte hervorbringt, noch einen schlechten Baum, der gute Früchte hervorbringt. Jeden Baum erkennt man an seinen Früchten: Von den Disteln pflückt man keine Feigen, und vom Dornstrauch erntet man keine Trauben. Ein guter Mensch bringt Gutes hervor, weil in seinem Herzen Gutes ist; und ein böser Mensch bringt Böses hervor, weil in seinem Herzen Böses ist. Wovon das Herz voll ist, davon spricht der Mund.

Meditation

Wovon das Herz mir voll ist,
davon spricht mein Mund.

Mein Herz ist voll
vom Wunsch nach gutem Leben,
nach Heil, Gesundheit, Wohlergehen,
nach Wärme, Liebe, Angenommen-sein.
Doch gibt es Tage, da in meinem Herzen
auch Zweifel sind und Ängste, tiefe Not.

Das darf so sein –
es muss nur ehrlich bleiben.
Ich brauche mir nichts vorzumachen,
und schon gar nicht dir.
Ich darf darauf vertrauen,
dass du mich in der Taufe
als guten Baum in diese Welt gepflanzt
und dass mein Leben gute Früchte trägt,
wenn ehrlich ich versuche,
meinen Weg zu gehen.
Und das heißt auch: sich dessen nicht zu schämen,
was in mir bruchstückhaft und schwach.

Wo ich versuche, ehrlich zu mir zu sein,
auch in der Zeit der Krankheit und des Leids,
und alles, was im Herzen mich beschäftigt,
ganz offen, Herr, dir zeige,
dir entgegenstrecke,
damit du es in Liebe ansiehst
und es mit mir trägst,
da wird das, was im Herzen mir lebendig,
zur guten Frucht, die bleibt –
und Leben schenkt.

Wovon das Herz mir voll ist,
davon spricht mein Mund.

Fürbitten

Wir beten zu Jesus Christus
- um die Kraft der Versöhnung mit den Dingen, die uns an uns selbst oder an unseren Mitmenschen stören.
- um die Kraft für ein gutes Leben, wenn die äußeren Bedingungen eingeschränkt und belastend sind.
- um die Kraft für Geduld, wenn Unvermögen und Schwachheit uns lähmen.
- um die Kraft für das Vertrauen, wenn Ängste und Dunkelheiten uns zu schaffen machen.

Schlussgebet (siehe S. 247 ff.)

Segensgebet (siehe S. 251 ff.)

Glauben

Kyrieruf

Herr Jesus Christus,
- du bist gekommen, um zu heilen, was verwundet ist: Herr, erbarme dich …
- du bist gekommen, um aufzurichten, was daniederliegt: Christus, erbarme dich …
- du bist gekommen, um uns Heil, Versöhnung und Leben zu schenken: Herr, erbarme dich …

Tagesgebet

Gott, unser Vater, du willst, dass wir leben können, und so führt alles, was du mit uns vorhast, immer zum Guten, auch wenn wir es manchmal nicht sofort erkennen können. Daher: Halte von uns fern, was uns schadet, und schenke uns das, was uns zum Heil führt. So bitten wir dich durch Jesus Christus, deinen Sohn, unseren Herrn.

Evangelium Lk 7,1–10

In jener Zeit, als Jesus seine Rede vor dem Volk beendet hatte, ging er nach Karfarnaum hinein. Ein Hauptmann hatte einen Diener, der todkrank war und den er sehr schätzte. Als der Hauptmann von Jesus hörte, schickte er einige von den jüdischen Ältesten zu ihm mit der Bitte, zu kommen und seinen Diener zu retten. Sie gingen zu Jesus und baten ihn inständig. Sie sagten: Er verdient es, dass du seine Bitte erfüllst; denn er liebt unser Volk und hat uns die Synagoge gebaut. Da ging Jesus mit ihnen. Als er nicht mehr weit von dem Haus entfernt war, schickte der Hauptmann Freunde und ließ ihm sagen: Herr, bemüh dich nicht! Denn ich bin es nicht wert, dass du mein Haus betrittst. Deshalb habe ich mich auch nicht für würdig gehalten, selbst zu dir zu kommen. Sprich nur ein Wort, dann muss mein Diener gesund werden. Auch ich muss Befehlen gehorchen, und ich habe selber Soldaten unter mir; sage ich nun zu einem: Geh!, so geht er, und zu einem andern: Komm!, so kommt er, und zu meinem Diener: Tu das!, so tut er es. Jesus war erstaunt über ihn, als er das hörte. Und er wandte sich um und sagte zu den Leuten, die ihm folgten: Ich sage euch: Nicht einmal in Israel habe ich einen solchen Glauben gefunden. Und als die Männer, die der Hauptmann geschickt hatte, in das Haus zurückkehrten, stellten sie fest, dass der Diener gesund war.

Meditation

Der Glaube des Hauptmanns von Kafarnaum: Dieser Mann traut Jesus offenbar zu, er könne über Krankheit und Leid genauso bestimmen wie ein Hauptmann über seine Soldaten. Wenn das so einfach wäre: Ein Befehl, und alles ist in Ordnung!

Aber genauso ist es am Ende: Der Diener des Hauptmanns ist gesund. Allerdings nicht durch ein Machtwort Jesu, sondern durch den Glauben, den unerschütterlichen Glauben des Hauptmanns.
Manche Menschen sagen: Wenn es einen guten Gott gäbe, dürfte er nicht soviel Krankheit und Leid zulassen. Da ist das Missverständnis: Als ob Gott dem Leid die Erlaubnis gäbe herumzuwüten, als ob sich eine Krankheit einfach wegkommandieren ließe! Es bleibt eine ungelöste Frage, warum das nicht geht – und eine Prüfung für den Glauben.
Eine Prüfung für jenen Glauben, der fest davon überzeugt ist, dass Gott stärker ist als alles, was einen Menschen bedroht, und dass der Mensch auf ihn – und nur auf ihn – vertrauen muss, wenn er gerettet werden will. Es ist weniger das Hoffen auf ein äußeres Wunder; es ist eher das Hoffen auf den Halt bei einem Gott, der fest die Dinge in der Hand hat, auch wenn der Mensch befürchtet, ins Bodenlose zu fallen – ein Gott, der treu zum Menschen steht.
Zu einem solchen Gedanken hat der Hauptmann gefunden. Er, der vorher dachte, ich muss Gott nur um etwas bitten und schon geschieht es, er weiß jetzt: Ja, ich darf Gott unendlich viel zutrauen, aber ich darf ihm keine Vorschriften machen. Das eine schließt das andere aus. Wo befohlen wird, hat das Vertrauen wenig Platz. Und umgekehrt: Wo Vertrauen herrscht, verliert das Vorschriftenmachen seinen Sinn.

Zu einem solchen Glauben hat der Hauptmann gefunden. Gebe Gott, dass auch wir dazulernen.

Fürbitten

Wir beten zu Jesus Christus, der in uns den Glauben und die Kraft zum Vertrauen stärken will:

- Für diejenigen, denen sich jetzt, in der Zeit der Krankheit, die Frage nach dem Sinn des Lebens und des Glaubens neu stellt: Lass sie offen sein für die Wege, die du ihnen zeigst.
- Für diejenigen, die bereits einmal erfahren durften, wie der Glaube ihnen eine Stütze war: Lass sie auch weiterhin auf deine Heilszusage vertrauen.
- Für diejenigen, die in Angst leben, weil sie nicht wissen, was noch alles an Leid und Schmerzen auf sie zukommen könnte: Lass sie Halt und Kraft finden bei dir.
- Für diejenigen, die sich danach sehnen, fester glauben und vertrauen zu können: Erfülle ihr Hoffen und schenke ihnen Zuversicht und inneren Frieden.

Schlussgebet (siehe S. 247 ff.)

Segensgebet (siehe S. 251 ff.)

Steh auf und lebe!

Kyrieruf

Herr Jesus Christus,
– meine Hoffnung in der Angst: Herr, erbarme dich …
– mein Trost im Leid: Christus, erbarme dich …
– mein Leben im Tod: Herr, erbarme dich …

Tagesgebet

Gott, unser Vater, alles Gute kommt allein von dir. Dies zu glauben fällt in gesunden Tagen meist leicht. Wenn aber Krankheit, Leid oder eine andere Not unser Leben bestimmen, dann wachsen auch die Zweifel. Lass uns erkennen, dass wir auch in diesen Erfahrungen von dir getragen und gehalten sind, und lass uns aus dieser Zuversicht Kraft schöpfen dürfen für das alltägliche Leben. So bitten wir dich durch Jesus Christus, deinen Sohn, unseren Bruder.

Evangelium Lk 7,11–17

In jener Zeit ging Jesus in eine Stadt namens Naïn; seine Jünger und eine große Menschenmenge folgten ihm. Als er in die Nähe des Stadttors kam, trug man gerade einen Toten heraus. Es war der einzige Sohn seiner Mutter, einer Witwe. Und viele Leute aus der Stadt begleiteten sie. Als der Herr die Frau sah, hatte er Mitleid mit ihr und sagte zu ihr: Weine nicht! Dann ging er zu der

Bahre hin und fasste sie an. Die Träger blieben stehen, und er sagte: Ich befehle dir, junger Mann: Steh auf! Da richtete sich der Tote auf und begann zu sprechen, und Jesus gab ihn seiner Mutter zurück. Alle wurden von Furcht ergriffen; sie priesen Gott und sagten: Ein großer Prophet ist unter uns aufgetreten: Gott hat sich seines Volkes angenommen. Und die Kunde davon verbreitete sich überall in Judäa und im ganzen Gebiet ringsum.

Meditation

Jesus und der Tod. Jesus und das Leid einer Frau, die ihren Sohn begraben muss.
Da, wo Leid herrscht, kann Jesus nicht einfach vorübergehen. Er hat Mitleid: Er leidet mit, hält mit stand, hält mit aus. Wo andere fliehen oder wieder zur Tagesordnung übergehen, da bleibt er.
Jesus auf der Seite des leidenden Menschen – so geschieht Heilung und Auferstehung. „Ich befehle dir: Steh auf!", das sagt Jesus zu jedem, der daniederliegt. Er will nicht das Leid, er will nicht den Schmerz, er will nicht den Tod – er will das Leben.
Wo Jesus ist, da ist das Leben. Wo Jesus ist, da haben die lebensfeindlichen Kräfte an Macht verloren. Und Jesus bleibt. Er lässt nicht los vom leidenden Menschen. Er bleibt so lange, bis das Leben gesiegt hat.
Das feiern wir jetzt: Jesus bleibt, bleibt bei uns, im Zeichen des Brotes. „Wer von diesem Brot isst, wird leben in Ewigkeit" (Joh 6,51).

Fürbitten

Wir beten zu Jesus Christus, der den Tod besiegt hat:

- Für diejenigen, die von Krankheit, Leid oder einer anderen Not betroffen sind: Lass sie auf dich vertrauen, der du das Leben des Menschen willst, und richte sie auf.
- Für diejenigen, die um einen Verstorbenen trauern: Lass sie auf dich vertrauen, der du das Leben des Menschen willst, und sei ihnen Halt.
- Für diejenigen, die sich vor ihrem eigenen Sterben fürchten: Lass sie auf dich vertrauen, der du das Leben des Menschen willst, und mindere ihre Angst.
- Für diejenigen, die an die Auferstehung der Toten glauben: Lass sie festhalten im Vertrauen auf dich, der du das Leben des Menschen willst, und bestärke sie in ihrem Mut zum Leben.

Schlussgebet (siehe S. 247 ff.)

Segensgebet (siehe S. 251 ff.)

Liebe und Vergebung

Kyrieruf

Herr Jesus Christus,
- wo du bist, spüren die Menschen: Die Liebe hat die Kraft zur Umkehr: Herr, erbarme dich …
- wo du bist, spüren die Menschen: Die Liebe hat die Kraft zur Vergebung: Christus, erbarme dich …
- wo du bist, spüren die Menschen: Die Liebe hat die Kraft zur Heilung: Herr, erbarme dich …

Tagesgebet

Gott, gerade wenn man krank und schwach ist, spürt man, wie wenig ein Mensch aus eigenen Kräften vermag. So richten wir unsere Hoffnung ganz auf dich: Stehe uns bei, schenke uns die Kraft, die wir brauchen, und stärke uns in der Zuversicht, dass unser Leben erträglich und sinnvoll bleibt, solange wir uns in allem dir anvertrauen. So bitten wir dich durch Jesus Christus, unseren Herrn.

Evangelium Lk 7,36–50

In jener Zeit ging Jesus in das Haus eines Pharisäers, der ihn zum Essen eingeladen hatte, und legte sich zu Tisch. Als nun eine Sünderin, die in der Stadt lebte,

erfuhr, dass er im Haus des Pharisäers bei Tisch war, kam sie mit einem Alabastergefäß voll wohlriechendem Öl und trat von hinten an ihn heran. Dabei weinte sie, und ihre Tränen fielen auf seine Füße. Sie trocknete seine Füße mit ihrem Haar, küsste sie und salbte sie mit dem Öl.
Als der Pharisäer, der ihn eingeladen hatte, das sah, dachte er: Wenn er wirklich ein Prophet wäre, müsste er wissen, was das für eine Frau ist, von der er sich berühren lässt: er wüsste, dass sie eine Sünderin ist.
Da wandte sich Jesus an ihn und sagte: Simon, ich möchte dir etwas sagen. Er erwiderte: Sprich, Meister! Jesus sagte: Ein Geldverleiher hatte zwei Schuldner; der eine war ihm fünfhundert Denare schuldig, der andere fünfzig. Als sie ihre Schulden nicht bezahlen konnten, erließ er sie beiden. Wer von ihnen wird ihn nun mehr lieben? Simon antwortete: Ich nehme an, der, dem er mehr erlassen hat. Jesus sagte zu ihm: Du hast recht. Dann wandte er sich der Frau zu und sagte zu Simon: Siehst du diese Frau? Als ich in dein Haus kam, hast du mir kein Wasser zum Waschen der Füße gegeben; sie aber hat ihre Tränen über meinen Füßen vergossen und sie mit ihrem Haar abgetrocknet. Du hast mir zur Begrüßung keinen Kuss gegeben; sie aber hat mir, seit ich hier bin, unaufhörlich die Füße geküsst. Du hast mir nicht das Haar mit Öl gesalbt; sie aber hat mir mit ihrem wohlriechenden Öl die Füße gesalbt. Deshalb sage ich dir: Ihr sind ihre vielen Sünden vergeben, weil sie mir so viel Liebe gezeigt hat.

Wem aber nur wenig vergeben wird, der zeigt auch nur wenig Liebe.
Dann sagte er zu ihr: Deine Sünden sind dir vergeben. Da dachten die anderen Gäste: Wer ist das, dass er sogar Sünden vergibt? Er aber sagte zu der Frau: Dein Glaube hat dir geholfen. Geh in Frieden!

Meditation

„Ihr sind ihre vielen Sünden vergeben, weil sie mir so viel Liebe gezeigt hat", sagt Jesus über die Sünderin. Also: Nicht nur der Glaube versetzt Berge – auch die Liebe ist dazu fähig.
Liebe, das kann für einen kranken Menschen bedeuten, sich mit seiner schwierigen Lage zu versöhnen, so wie sie nun einmal ist; nicht zu resignieren, aber auch nicht sinnlos gegen Dinge anzukämpfen, die sich nun einmal nicht mehr ändern lassen – leider. Liebe, das kann bedeuten, Abschied zu nehmen von alten Lebensträumen und nach Heimat zu suchen in den veränderten Lebensbedingungen, die die Krankheit einem übrig gelassen hat.
Simon, dem Pharisäer, ist das nicht gelungen. Er hielt an seinem alten Lebensentwurf fest und verstand zum Schluss die Welt nicht mehr. Vergebung und neues Leben blieben ihm verbaut.
Liebe und Vergebung. „Ihr sind ihre vielen Sünden vergeben, weil sie mir so viel Liebe gezeigt hat."
Wo ich versuche, die Menschen, die Dinge um mich

herum und auch mich selbst in Liebe und Verständnis anzuschauen, da verändert sich die Lage – da wird das Leben wieder möglich. Die Kraft, die verloren geht, wenn ich sinnlos gegen das ankämpfe, was sich leider nicht mehr ändern lässt, diese Kraft kann ich besser nutzen, um nach vorn zu schauen und mich mit den Lebensmöglichkeiten anzufreunden, die mir geblieben sind.
Dann geschieht das, was Jesus zu der Frau sagt: „Dein Glaube hat dir geholfen. Geh in Frieden!"

Fürbitten

Wir beten zu Jesus Christus um die Kraft zum Leben, zur Liebe und zur Vergebung:
- Für alle, die mit ihrer Lage nicht fertigwerden: Lass sie erkennen, wie sinnlos es ist, gegen das Unvermeidliche anzukämpfen, und gib ihnen den Mut, nach den Lebensmöglichkeiten zu suchen, die ihnen verblieben sind.
- Für alle, die nicht mehr lieben können, weil sie zu bitter enttäuscht wurden: Lass sie nicht Vorwürfe hören, sondern Verständnis erfahren und so fähig werden, sich innerlich wieder zu öffnen.
- Für alle, die nach Kraft suchen, um die Dinge meistern zu können, die auf sie zukommen: Lass sie spüren, wie du sie aufrichtest und hältst.
- Für alle, die unter ihrer Schuld leiden und sich nach Versöhnung sehnen: Lass sie bereit sein, ehrlich zu

ihrer Schuld zu stehen, und lass sie so Vergebung und inneren Frieden finden.

Schlussgebet (siehe S. 247 ff.)

Segensgebet (siehe S. 251 ff.)

Kein Leben ohne Kreuz

Kyrieruf

Herr Jesus Christus,
– du bist der Messias Gottes, der Heiland der Welt: Herr, erbarme dich …
– du hast Leid und Kreuz auf dich genommen, um uns zu erlösen: Christus, erbarme dich …
– führe auch uns durch Leid und Tod hin zum Leben: Herr, erbarme dich …

Tagesgebet

Heiliger Gott, du entziehst deine schützende Hand keinem, der fest in deiner Liebe verwurzelt ist. Wir danken dir für deine Liebe und bitten dich: Festige in uns das Vertrauen auf dich und stärke in uns die Gewissheit, dass du für uns alles zum Guten führst, auch das, worunter wir augenblicklich leiden. So beten wir zu dir durch Jesus Christus, deinen Sohn, der uns zum Bruder wurde und für uns den Weg des Leidens und Sterbens ging, damit wir den Weg zum Leben finden.

Evangelium Lk 9,18–24

In jener Zeit, als Jesus einmal in der Einsamkeit betete und die Jünger bei ihm waren, fragte er sie: Für wen halten mich die Leute? Sie antworteten: Einige für Jo-

hannes den Täufer, andere für Elija; wieder andere sagen: Einer der alten Propheten ist auferstanden. Da sagte er zu ihnen: Ihr aber, für wen haltet ihr mich? Petrus antwortete: Für den Messias Gottes. Doch er verbot ihnen streng, es jemand weiterzusagen. Und er fügte hinzu: Der Menschensohn muss vieles erleiden und von den Ältesten, den Hohenpriestern und den Schriftgelehrten verworfen werden; er wird getötet werden, aber am dritten Tag wird er auferstehen.
Zu allen sagte er: Wer mein Jünger sein will, der verleugne sich selbst, nehme täglich sein Kreuz auf sich und folge mir nach. Denn wer sein Leben retten will, wird es verlieren; wer aber sein Leben um meinetwillen verliert, der wird es retten.

Meditation

Das ist die alte Frage:
Warum – in aller Welt – warum
muss denn ein Mensch,
der eigentlich nichts anderes will,
als gut sein Leben zu bestehen,
warum muss denn ein solcher Mensch
noch leiden?
Warum musst du das, Herr,
und warum ich?
Warum sind denn die einen
von Angst und Leid verschont?
Und warum trifft's die anderen,

die auch nicht schlechter sind
als jene, die äußerlich gesund
und stark erscheinen?

Das ist die alte Frage:
Warum denn all das Leid?
Warum *mein* Leid?
Warum gerade ich?
Das, was du sagst,
ist keine Antwort, Herr.
Sicher, du sprichst vom Kreuz,
das jeder täglich tragen muss,
will er dein Jünger sein;
und dass, wer retten will sein Leben,
bereit sein muss, es zu verlieren.
Ist das die Antwort,
die zufriedenstellt?
Ich weiß es nicht –
so vieles bleibt im Dunkeln!

Vielleicht wird manches Rätsel nicht gelöst,
das Krankheit, Leid und Not mir stellen.
Vielleicht bleibt manche Frage offen,
auf die ich gerne Antwort hätte.

Doch, wie's auch werden wird:
Ich bitte dich, Herr, um die Kraft,
auch mit den dunklen Seiten meines Lebens
zurechtzukommen
und ihnen standzuhalten,

statt daran zu zerbrechen.
Ich bitte dich, Herr, um die Kraft,
auch dann nicht aufzugeben,
wenn Fragen bleiben.
Ich bitte dich, Herr, um die Kraft,
da, wo die Zeiten dunkel sind,
auf das Licht zu hoffen.

Fürbitten

Wir beten zu Jesus Christus, der selbst Leid und Kreuz auf sich nahm und so einen Weg aufzeigte, um in Leid und Kreuz zu bestehen:

- Lass die Kranken und Leidenden Trost finden in dem Gedanken, dass du die Erfahrungen von Leid und Kreuz mit ihnen teilst.
- Lass die Sterbenden Trost finden in dem Gedanken, dass du nach dem Tod jeden zur Auferstehung und zum Leben rufst.
- Lass die Verzweifelten Trost finden in dem Gedanken, dass du ihnen in ihrer Dunkelheit nahe bist.
- Lass die Ängstlichen Trost finden in dem Gedanken, dass du an ihrer Seite bleibst.

Schlussgebet (siehe S. 247 ff.)

Segensgebet (siehe S. 251 ff.)

Glaube auf dem Prüfstand

Kyrieruf

Herr Jesus Christus,
- du rufst uns auf, dir in allem zu vertrauen: Herr, erbarme dich …
- du rufst uns auf, an diesem Vertrauen auch dann festzuhalten, wenn es schwer wird: Christus, erbarme dich …
- du rufst uns auf, an die Kraft zu glauben, die du uns gegeben hast: Herr, erbarme dich …

Tagesgebet

Gott, unser Vater, du hast uns in der Taufe die Kraft zum Leben geschenkt. Lass nicht zu, dass Sorgen und Ängste uns so stark beherrschen, dass Vertrauen, Hoffnung und Zuversicht keinen Platz mehr haben. Erinnere uns immer wieder an die Kraft, die du mit der Taufe in uns hineingelegt hast. Darum bitten wir dich durch Jesus Christus, unseren Herrn, der uns in seine Nachfolge ruft.

Evangelium Lk 9,51–62

Als die Zeit herankam, in der Jesus in den Himmel aufgenommen werden sollte, entschloss er sich, nach Jerusalem zu gehen. Und er schickte Boten vor sich her.

Diese kamen in ein samaritisches Dorf und wollten eine Unterkunft für ihn besorgen. Aber man nahm ihn nicht auf, weil er auf dem Weg nach Jerusalem war. Als die Jünger Jakobus und Johannes das sahen, sagten sie: Herr, sollen wir befehlen, dass Feuer vom Himmel fällt und sie vernichtet? Da wandte er sich um und wies sie zurecht. Und sie gingen zusammen in ein anderes Dorf.
Als sie auf ihrem Weg weiterzogen, redete ein Mann Jesus an und sagte: Ich will dir folgen, wohin du auch gehst. Jesus antwortete ihm: Die Füchse haben ihre Höhlen und die Vögel ihre Nester; der Menschensohn aber hat keinen Ort, wo er sein Haupt hinlegen kann. Zu einem anderen sagte er: Folge mir nach! Der erwiderte: Lass mich zuerst heimgehen und meinen Vater begraben. Jesus sagte zu ihm: Lass die Toten ihre Toten begraben; du aber geh und verkünde das Reich Gottes! Wieder ein anderer sagte: Ich will dir nachfolgen, Herr. Zuvor aber lass mich von meiner Familie Abschied nehmen. Jesus erwiderte ihm: Keiner, der die Hand an den Pflug gelegt hat und nochmals zurückblickt, taugt für das Reich Gottes.

Meditation

(Die Meditation beschränkt sich auf den zweiten Teil des Evangeliums, auf die Verse 57–62.)

Manchmal ist das Leben nicht einfach. Manchmal wird eine Menge von einem gefordert.

Das erfahren die Jünger: Jesus nachzufolgen ist keine Sache, die sich nebenbei erledigen lässt. Da braucht es alle Kräfte, die einem Menschen zur Verfügung stehen.
Glauben ist keine halbe Sache, und Leben ist keine halbe Sache. Es gibt Augenblicke, da ist man ganz gefordert, da wird nicht etwas, da wird alles von einem abverlangt. Und solche Augenblicke kommen gar nicht selten: eine Erkrankung, ein Schicksalsschlag, ein schweres Problem, mit dem man fertigwerden muss, oder die Erfahrung: Es wird immer weniger mit mir, ich werde immer schwächer. Da kann sich die Frage nach dem Lebenssinn neu stellen. Und die Frage nach meinem Glauben: Trägt er noch? Habe ich noch die Kraft zum Vertrauen?
Jesus hat nicht versprochen, dass das Leben und der Glaube immer einfach sein werden. Jesus weiß um das Ringen und die inneren Kämpfe, die in einem Menschen stattfinden können. Er weiß auch um Scheitern und Gelingen. Das alles ist ihm nicht fremd; es ist ja seine eigene Lebenserfahrung: „Der Menschensohn … hat keinen Ort, wo er sein Haupt hinlegen kann.“ Da, in dieser Unruhe, in dieser Heimatlosigkeit, ist er mit uns solidarisch.
Deshalb: Wenn auf mich Dinge zukommen, bei denen ich Angst habe, sie könnten mich überfordern, wenn es nicht um etwas, sondern um vieles oder gar um alles geht, in solchen Augenblicken – und nicht nur dann – darf ich den an meiner Seite wissen, der selbst am eigenen Leib erfahren hat, was es bedeutet, ganz gefordert zu sein.

Wenn Leben und Glauben auf dem Prüfstand stehen, muss der Mensch nicht alleine bleiben. Jesus Christus steht an seiner Seite. Jesus Christus nachfolgen heißt, ihn zu entdecken und sich von ihm helfen zu lassen.

Fürbitten

Wir beten zu Jesus Christus, der uns begleitet auf unserem Weg durch das Leben:

– Für diejenigen, die aus ihrem Lebensalltag herausgerissen sind: dass sie die Kraft behalten, sich auch in den neuen Dingen, die auf sie zukommen, zurechtzufinden.
– Für diejenigen, die an ihrer jetzigen Lage schwer zu tragen haben: dass sie die innere Stärke aufbringen, die sie brauchen, um nicht zu verzweifeln.
– Für diejenigen, denen der Glaube gerade in Zeiten der Not eine hilfreiche Stütze ist: dass sie dankbar sind für diese Erfahrung und festhalten an dem, was ihnen Hilfe ist.
– Für diejenigen, die sich nach Liebe und Geborgenheit sehnen: dass sie spüren dürfen, wie du an ihrer Seite bleibst in guten wie in schweren Tagen.

Schlussgebet (siehe S. 247 ff.)

Segensgebet (siehe S. 251 ff.)

Das Reich Gottes ist nahe

Kyrieruf

Herr Jesus Christus,
- du sagst: Das Reich Gottes ist nahe: Herr, erbarme dich …
- du sprichst uns deinen Frieden zu: Christus, erbarme dich …
- du traust uns zu, das Leben zu bestehen: Herr, erbarme dich …

Tagesgebet

Barmherziger Gott, Jesus Christus, dein Sohn, ist Mensch geworden, einer von uns. Er hat alles mit uns geteilt, auch Dunkel und Leid. So können wir aufatmen, denn seitdem ist niemand mehr allein, wenn Dunkel und Leid auf ihn zukommen. Wir danken dir für deine Nähe; sie sei uns Trost und Hoffnung in schwerer Zeit. So bitten wir durch Jesus Christus, unseren Herrn und Bruder.

Evangelium Lk 10,1–9

In jener Zeit suchte der Herr zweiundsiebzig andere Jünger aus und sandte sie zu zweit voraus in alle Städte und Ortschaften, in die er selbst gehen wollte. Er sagte zu ihnen: Die Ernte ist groß, aber es gibt nur wenig Arbeiter. Bittet also den Herrn der Ernte, Arbeiter für seine Ernte auszusenden. Geht! Ich sende euch wie Schafe mitten unter die Wölfe. Nehmt keinen Geldbeutel mit, keine Vorratstasche und keine Schuhe! Grüßt niemand unterwegs! Wenn ihr in ein Haus kommt, so sagt als erstes: Friede diesem Haus! Und wenn dort ein Mann des Friedens wohnt, wird der Friede, den ihr ihm wünscht, auf ihm ruhen: andernfalls wird er zu euch zurückkehren. Bleibt in diesem Haus, esst und trinkt, was man euch anbietet; denn wer arbeitet, hat ein Recht auf seinen Lohn. Zieht nicht von einem Haus in ein anderes! Wenn ihr in eine Stadt kommt und man euch aufnimmt, so esst, was man euch vorsetzt. Heilt die Kranken, die dort sind, und sagt den Leuten: Das Reich Gottes ist euch nahe.

Meditation

„Das Reich Gottes ist euch nahe." So wichtig ist dem Herrn diese Botschaft, dass er gleich zweiundsiebzig Jünger aussendet, damit möglichst schnell möglichst viele von dieser Botschaft hören.
Und darin zeigt sich das Reich Gottes: Frieden wird sein und Heil. Das Reich Gottes ist dort, wo die Kraft zum Leben stärker ist als das, was dem Menschen Angst macht.
Allerdings – es kann Augenblicke geben, in denen es einem schwerfällt, dies zu glauben. Augenblicke, in denen man sich hilflos und verloren vorkommt, so hilflos und verloren wie ein Schaf mitten unter Wölfen.

Aber es gibt da auch einen Hirten, und der wird schon dafür sorgen, dass seine Schafe nicht gänzlich zugrunde gehen. Er wäre sonst ein schlechter Hirte!
Der, der den Menschen ins Leben sendet, so wie er damals die Jünger aussandte, er weiß um die Härte des Daseins. Er weiß, wie bedroht wir sind, und wie Ängste, Krankheit, Leid und Schwäche einem schwer zu schaffen machen können. Aber gerade dieser unerlösten, wölfischen Welt lässt er verkünden: „Das Reich Gottes ist euch nahe." Frieden wird sein und Heil.
Gebe Gott, dass wir erfahren dürfen, was uns da verheißen wird.

Fürbitten

Herr Jesus Christus, du hast verheißen: „Das Reich Gottes ist nahe."
- Reich Gottes bedeutet Frieden. Schenke Frieden denen, die mit sich oder mit anderen nicht im Reinen sind.
- Reich Gottes bedeutet Heil und Glück. Schenke Gesundheit und Heilung denen, die unter einer Erkrankung oder Lebenseinschränkung leiden.
- Reich Gottes bedeutet Hoffnung. Schenke Hoffnung denen, die voll Angst und Sorge in die Zukunft schauen.

Schlussgebet (siehe S. 247 ff.)

Segensgebet (siehe S. 251 ff.)

Unter die Räuber gefallen

Kyrieruf

Herr Jesus Christus,
- du hast Mitleid mit denen, die in Not sind: Herr, erbarme dich …
- du richtest die auf, die sich schwach fühlen: Christus, erbarme dich …
- du schenkst Heilung denen, die verwundet sind: Herr, erbarme dich …

Tagesgebet

Gott, du bist unser Ziel. Unser Lebensweg soll uns einmal zu dir führen. Lass uns diese gute Zukunft immer vor Augen haben, gerade dann, wenn Krankheit, Leid oder Angst unser Leben verdunkeln, und gib uns die Kraft, all das zu vermeiden, was unserer Berufung widerspricht. So bitten wir dich durch Jesus Christus, unseren Herrn.

Evangelium Lk 10,25–37

In jener Zeit wollte ein Gesetzeslehrer Jesus auf die Probe stellen. Er fragte ihn: Meister, was muss ich tun, um das ewige Leben zu gewinnen? Jesus sagte zu ihm: Was steht im Gesetz? Was liest du dort? Er antwortete: Du sollst den Herrn, deinen Gott, lieben mit ganzem

Herzen und ganzer Seele, mit all deiner Kraft und all deinen Gedanken, und: Deinen Nächsten sollst du lieben wie dich selbst. Jesus sagte zu ihm: Du hast richtig geantwortet. Handle danach, und du wirst leben. Der Gesetzeslehrer wollte seine Frage rechtfertigen und sagte zu Jesus: Und wer ist mein Nächster?

Darauf antwortete ihm Jesus: Ein Mann ging von Jerusalem nach Jericho hinab und wurde von Räubern überfallen. Sie plünderten ihn aus und schlugen ihn nieder: Dann gingen sie weg und ließen ihn halbtot liegen. Zufällig kam ein Priester denselben Weg herab; er sah ihn und ging weiter. Auch ein Levit kam zu der Stelle; er sah ihn und ging weiter. Dann kam ein Mann aus Samarien, der auf der Reise war. Als er ihn sah, hatte er Mitleid, ging zu ihm hin, goss Öl und Wein auf seine Wunden und verband sie. Dann hob er ihn auf sein Reittier, brachte ihn zu einer Herberge und sorgte für ihn. Am andern Morgen holte er zwei Denare hervor, gab sie dem Wirt und sagte: Sorge für ihn, und wenn du mehr für ihn brauchst, werde ich es dir bezahlen, wenn ich wiederkomme.

Was meinst du: Wer von diesen dreien hat sich als der Nächste dessen erwiesen, der von den Räubern überfallen wurde? Der, der barmherzig an ihm gehandelt hat. Da sagte Jesus zu ihm: Dann geh und handle genauso!

Meditation

Die Gefahr ist geblieben
auf der Straße des Lebens,
und die Räuber,
sie lauern jederzeit, überall:
eine Krankheit, die einen trifft,
eine Angst, die einen überfällt,
ein Schicksalsschlag, der einem zu schaffen macht,
das Alter, das Kraft kostet.
Die Gefahr ist geblieben
auf der Straße des Lebens,
und niemand kann sagen:
„Mir wird nichts passieren!"

Gut, darum zu wissen,
dass dann, wenn ich falle,
mir Hilfe zuteil wird.
Dass es den gibt, der mich aufhebt,
meine Wunden verbindet
und so dafür sorgt,
dass am Leben ich bleibe.

Und der, der mir hilft,
er hat einen Namen:
Jesus Christus, der Herr.
Er selbst wird mir jetzt
zur Speise des Lebens,
zum Brot, das ich brauche,
um nicht liegenzubleiben,

um durchzuhalten
inmitten der Räuber,
die mich bedrohen
auf der Straße des Lebens.

Gut, darum zu wissen,
dass einer mich trägt.
Und selbst, wenn ich falle:
Ich falle stets
in seine guten Hände.

Fürbitten

Jesus Christus ist der gute Samariter, der für uns sorgt auf der Straße des Lebens. Zu ihm beten wir:

- Für alle, die von einem schweren Schicksalsschlag getroffen wurden: Richte sie auf und zeige ihnen den Weg, der sie wieder zum Leben führt.
- Für alle, die an der Not anderer achtlos vorübergehen: Mache sie offen für das Leid ihrer Mitmenschen.
- Für alle, die sich um Kranke und in Not Geratene sorgen: Gib ihnen Kraft und Ausdauer bei ihrem Tun.
- Für alle, die mit einer Erkrankung zu kämpfen haben: Schenke ihnen Geduld und Zuversicht, mit ihrer Lage zurechtzukommen.

Schlussgebet (siehe S. 247 ff.)

Segensgebet (siehe S. 251 ff.)

Nur eines ist notwendig

Kyrieruf

Herr Jesus Christus,
- du sprichst das Wort, das tröstet: Herr, erbarme dich …
- du sprichst das Wort, das Versöhnung schenkt: Christus, erbarme dich …
- du sprichst das Wort, das aufrichtet und Mut macht: Herr, erbarme dich …

Tagesgebet

Herr, unser Gott, seit der Taufe gehören wir zu dir. Du sagst jedem Getauften zu, dass das Leben immer stärker bleibt als das, was es bedroht, und dass selbst der Tod diesem Leben letztlich nichts anhaben kann. Stärke in uns das Vertrauen, dass diese Verheißung auch uns gilt, und lass uns stark bleiben im Glauben, in der Hoffnung und in der Liebe. So bitten wir dich durch Jesus Christus, unseren Herrn.

Evangelium Lk 10,38–42

In jener Zeit kam Jesus in ein Dorf, und eine Frau namens Marta nahm ihn freundlich auf. Sie hatte eine Schwester, die Maria hieß. Maria setzte sich dem Herrn zu Füßen und hörte seinen Worten zu. Marta aber war ganz davon in Anspruch genommen, für ihn zu sorgen. Sie kam zu ihm und sagte: Herr, kümmert es dich nicht, dass meine Schwester die ganze Arbeit mir allein überlässt? Sag ihr doch, sie soll mir helfen! Der Herr antwortete: Marta, Marta, du machst dir viele Sorgen und Mühen. Aber nur eines ist notwendig. Maria hat das Bessere gewählt, das soll ihr nicht genommen werden.

Meditation

„Nur eines ist notwendig." Ja, was ist notwendig in einer Zeit, in der die Dinge anders verlaufen als sonst, weil eine Krankheit oder die Beschwerden des Alters sich in den Vordergrund schieben?
Soll man in Hektik verfallen? Sich mit möglichst vielen Dingen ablenken, damit man ja nicht zur Ruhe kommt? Oder ist man wie gelähmt, mutlos, ohne Hoffnung?
Von was bin ich in Anspruch genommen in diesen Tagen? Was beschäftigt mich innerlich am meisten?
„Nur eines ist notwendig", sagt Jesus, und er verweist auf Maria, für die alles andere zweitrangig geworden ist, seitdem sie Jesus in ihrer Nähe weiß. Nur eines ist notwendig: wie Maria zur inneren Ruhe zu kommen, nach einer Mitte, nach einem Sinn zu suchen und so den Frieden zu finden. „Maria hat das Bessere gewählt", sagt Jesus, „das soll ihr nicht genommen werden."
Es gibt Zeiten im Leben, da ist man innerlich voll Unruhe, hin- und hergerissen von Fragen, Zweifeln und

Sorgen: Wie soll das mit mir noch weitergehen? Hoffentlich passiert mir nicht noch dieses oder jenes!
Ich kann diese Fragen nicht einfach wegschieben. Aber ich kann sie als Zeichen einer Sehnsucht sehen, die hinter dieser Unruhe verborgen ist: der Sehnsucht, zum Wesentlichen des Lebens zu finden, zur Mitte, zur Ruhe. Es ist die Sehnsucht nach Gelingen und Frieden. Es ist die Sehnsucht, wie Maria erfahren zu dürfen: Ich kann durchatmen und das Leben wagen, weil ich mich in der Nähe Gottes geborgen weiß.
„Nur eines ist notwendig." Ja, das wendet die Not: Gott ist mir nahe, und ich will ihm nahe sein. So kann ich Ruhe finden – und Frieden.
Gott ist mir nahe – im Zeichen des Brotes kommt er jetzt zu mir. Jetzt wird mir gegeben, was Maria erfahren durfte: Sie hatte „das Bessere gewählt, das soll ihr nicht genommen werden".

Fürbitten

Wir beten zu Gott, der uns in Jesus, unserem Bruder, seine Nähe schenkt, und bitten

- um die Erfahrung von Kraft für alle, die mit Krankheit und Leid zu kämpfen haben.
- um die Erfahrung von Trost für alle, die sich niedergeschlagen und traurig fühlen.
- um die Erfahrung von Gelassenheit für alle, die sich mit ihrer Lage nicht abfinden können.

– um die Erfahrung von Zuversicht für alle, die von Zweifeln und Ängsten geplagt sind.

Schlussgebet (siehe S. 247 ff.)

Segensgebet (siehe S. 251 ff.)

Bitten und Empfangen

Wenn bitte ich
bitte sagen

Kyrieruf

Herr Jesus Christus,
- du sagst: „Bittet, dann wird euch gegeben." Wir bitten um deine Hilfe: Herr, erbarme dich …
- du sagst: „Sucht, dann werdet ihr finden." Wir suchen nach deiner Nähe: Christus, erbarme dich …
- du sagst: „Klopft an, dann wird euch geöffnet": Herr, erbarme dich …

Tagesgebet

Gott, du Beschützer aller, die auf dich hoffen, ohne dich kann nichts gesunden und nichts heilen. Hab Erbarmen mit uns und bewahre uns davor, von Sorgen, Angst und Zweifeln so vereinnahmt zu werden, dass wir an den Sinn und den Wert unseres Lebens nicht mehr zu glauben vermögen. Darum bitten wir dich durch Jesus Christus, unseren Bruder und Herrn.

Evangelium Lk 11,1–13

Jesus betete einmal an einem Ort; und als er das Gebet beendet hatte, sagte einer seiner Jünger zu ihm: Herr, lehre uns beten, wie schon Johannes seine Jünger beten gelehrt hat. Da sagte er zu ihnen: Wenn ihr betet, so sprecht:

Vater, dein Name werde geheiligt. Dein Reich komme. Gib uns täglich das Brot, das wir brauchen. Und erlass uns unsere Sünden; denn auch wir erlassen jedem, was er uns schuldig ist. Und führe uns nicht in Versuchung.
Dann sagte er zu ihnen: Wenn einer von euch einen Freund hat und um Mitternacht zu ihm geht und sagt: Freund, leih mir drei Brote; denn einer meiner Freunde, der auf Reisen ist, ist zu mir gekommen, und ich habe ihm nichts anzubieten!, wird dann etwa der dritte Mann drinnen antworten: Lass mich in Ruhe, die Tür ist schon verschlossen, und meine Kinder schlafen bei mir; ich kann nicht aufstehen und dir etwas geben? Ich sage euch: Wenn er schon nicht deswegen aufsteht und ihm seine Bitte erfüllt, weil er sein Freund ist, so wird er doch wegen seiner Zudringlichkeit aufstehen und ihm geben, was er braucht.
Darum sage ich euch: Bittet, dann wird euch gegeben; sucht, dann werdet ihr finden; klopft an, dann wird euch geöffnet. Denn wer bittet, der empfängt; wer sucht, der findet; und wer anklopft, dem wird geöffnet. Oder ist unter euch ein Vater, der seinem Sohn eine Schlange gibt, wenn er um einen Fisch bittet, oder einen Skorpion, wenn er um ein Ei bittet? Wenn nun schon ihr, die ihr böse seid, euren Kindern gebt, was gut ist, wieviel mehr wird der Vater im Himmel den Heiligen Geist denen geben, die ihn bitten.

Lied
Stille

Meditation

„Bittet, dann wird euch gegeben:
sucht, dann werdet ihr finden."

Aber wie oft ist meine Bitte
schon ins Leere gegangen
und ich habe nicht das erhalten,
was ich erflehte.

Wenn mein Beten vergebens ist,
dann bin ich enttäuscht,
und diese Enttäuschung
bleibt lange im Herzen.
Aber nehme ich auch wahr,
wenn mein Beten erhört wird?

Bin ich dann ähnlich berührt,
wie es mich innerlich trifft,
wenn ich den Eindruck habe,
mein Beten sei vergebens?

„Bittet, dann wird euch gegeben:
sucht, dann werdet ihr finden."

Vielleicht muss ich mich
auf die Suche machen
nach Augenblicken im Leben,
wo ich erfahren durfte:
Mein Bitten, mein Beten,
es hat Erhörung gefunden.

Diese Augenblicke des Lebens,
es wird sie sicherlich geben,
auch wenn sie nicht immer
so stark in Erinnerung sind
wie jene Momente,
wo das Beten
vergebens zu sein schien.

„Bittet, dann wird euch gegeben:
sucht, dann werdet ihr finden."

Vielleicht muss ich lernen,
auf das zu vertrauen,
was ich im Vaterunser
immer wieder bete:
Das Brot, das wir brauchen,
das gib du uns, täglich.

Vielleicht muss ich lernen,
darauf zu vertrauen:
Gott gibt mir die Kraft,
die zum Leben ich brauche,
ganz gleich, ob ich meine,
mein Beten, es wurde erhört
oder nicht.

Fürbitten

Herr Jesus Christus, du hast gesagt: „Bittet, dann wird euch gegeben." Im Vertrauen auf diese Zusage bitten wir

- für diejenigen, die meinen, alles mit sich selbst ausmachen zu müssen: dass sie erkennen, wie sie es sich mit einer solchen Auffassung nur noch schwerer machen, und bereit werden, sich zu öffnen und sich helfen zu lassen.
- für diejenigen, die momentan nicht beten können, weil das, was sie erleben mussten, zu schwer für sie war: dass sie neue Wege finden, aus ihrer inneren Lähmung herauszukommen, und erfahren, wie das Gebet sie wieder zurück ins Leben führt.
- für diejenigen, die sich mit ihren Bitten und Anliegen an dich wenden: dass sie erleben, wie gut sie mit ihrem Gebet bei dir aufgehoben sind.
- für diejenigen, die meinen, mit ihrem Gebet keine Erhörung gefunden zu haben: dass sie nicht verbittern, sondern festhalten an dem Glauben, dass du alle Dinge zum Guten führst.

Schlussgebet (siehe S. 247 ff.)

Segensgebet (siehe S. 251 ff.)

Reich sein vor Gott

Kyrieruf

Herr Jesus Christus,
- du bist gekommen, um unsere Begrenztheit in Weite zu verwandeln: Herr, erbarme dich …
- du bist gekommen, um unsere Ängste in Kraft zu verwandeln: Christus, erbarme dich …
- du bist gekommen, um unsere Armut in Reichtum zu verwandeln: Herr, erbarme dich …

Tagesgebet

Gott, unser Vater, steh uns zur Seite und schenke allen, die zu dir rufen, deine Liebe. Du hast uns erschaffen und versprochen, uns die Kraft zu geben, die wir brauchen, um mit unserem Leben zurechtzukommen. Lass uns aus dieser Zusage Hoffnung und Mut schöpfen, gerade in den Tagen, die nicht einfach für uns sind. Darum bitten wir dich durch Jesus Christus, unseren Herrn.

Evangelium Lk 12,13–21

In jener Zeit bat einer aus der Volksmenge Jesus: Meister, sag meinem Bruder, er soll das Erbe mit mir teilen. Er erwiderte ihm: Mensch, wer hat mich zum Richter oder Schlichter bei euch gemacht? Dann sagte er zu den Leuten: Gebt acht, hütet euch vor jeder Art von

Habgier. Denn der Sinn des Lebens besteht nicht darin, dass ein Mensch aufgrund seines großen Vermögens im Überfluss lebt.
Und er erzählte ihnen folgendes Beispiel: Auf den Feldern eines reichen Mannes stand eine gute Ernte. Da überlegte er hin und her: Was soll ich tun? Ich weiß nicht, wo ich meine Ernte unterbringen soll. Schließlich sagte er: So will ich es machen: Ich werde meine Scheunen abreißen und größere bauen; dort werde ich mein ganzes Getreide und meine Vorräte unterbringen. Dann kann ich zu mir selber sagen: Nun hast du einen großen Vorrat, der für viele Jahre reicht. Ruh dich aus, iss und trink, und freu dich des Lebens! Da sprach Gott zu ihm: Du Narr! Noch in dieser Nacht wird man dein Leben von dir zurückfordern. Wem wird dann all das gehören, was du angehäuft hast? So geht es jedem, der nur für sich selbst Schätze sammelt, aber vor Gott nicht reich ist.

Meditation

„Lieber reich und gesund als arm und krank" – eine Redensart, schnell dahergesagt.
Reich und gesund ist auch er, jener Bauer, von dem Jesus erzählt, und doch, im entscheidenden Augenblick hilft es ihm nicht weiter; im Tod ist er ein armer Mann. Reichtum und Reichtum sind zweierlei. Es gibt Momente im Leben, da bringt der Reichtum des Geldes nur wenig oder gar nichts. Trost kann ich mir nicht für Geld erkaufen, und Geborgenheit und Liebe auch

nicht. Es gibt Momente im Leben, da ist ein anderer Reichtum gefragt, ein Reichtum, der hält und trägt, wenn es darauf ankommt. „Reich sein vor Gott“, so nennt es Jesus.
Reich sein vor Gott, das kann bedeuten: Ich bin versöhnt mit dem Leben, so wie es bisher verlaufen ist. Es gibt da keine größere Verbitterung in mir.
Reich sein vor Gott, das kann bedeuten: Mein Glauben ist mir Halt und Stütze, und das erfahren zu dürfen, tut gut, gerade in Zeiten, in denen es manchmal nicht einfach ist, weil eine Krankheit oder eine andere Last mir zu schaffen machen.
Reich sein vor Gott, das kann bedeuten: Trotz Leid und Not ist mein Herz offen für das Schöne, das mir geblieben ist, und ich kann noch danken und beten.
Reich sein vor Gott, das kann bedeuten: Ich darf erleben, wie Menschen mit mir verbunden sind und sich um mich kümmern, und in dieser Sorge um mich darf ich etwas von der Liebe Gottes erfahren.
Reich sein vor Gott, das kann bedeuten: Ich vertraue darauf, dass Gott mir die Kraft gibt, die ich brauche. Ich muss nicht alles alleine schaffen. Gott gibt das, was mir fehlt, dazu.
Reich sein vor Gott, das kann bedeuten, zu jener inneren Ruhe zu finden, die darum weiß: So, wie Gott es mit mir vorhat, ist es gut.
„Lieber reich und gesund als arm und krank“? Das wäre zu wenig. Reich werden vor Gott, darum gilt es zu beten.

Fürbitten

Wir beten zu Gott, ~~der uns mahnt, unser Leben so zu gestalten,~~ dass wir reich werden vor ihm:

- Lass diejenigen, die meinen, zu kurz zu kommen, entdecken, dass das Leben auch für sie gute und wertvolle Erfahrungen bereithält.
- Lass diejenigen, die sich Sorgen machen um ihre Zukunft, darauf vertrauen, dass sie auf deine Hilfe bauen können.
- Lass diejenigen, denen Krankheit und Leid viel abverlangen, erfahren dürfen, dass du ihnen Kraft, Ausdauer und Zuversicht schenkst.
- Lass diejenigen, die versuchen ihr Leben verantwortbar zu gestalten, spüren, dass dieses Bemühen sie zu Gelassenheit und innerem Frieden führt.

Schlussgebet (siehe S. 247 ff.)

Segensgebet (siehe S. 251 ff.)

Die Zeit nutzen

Kyrieruf

Herr Jesus Christus,
- du wirst uns einmal fragen: Was habt ihr aus eurem Leben gemacht? – Herr, erbarme dich …
- Was werden wir dir antworten können? – Christus, erbarme dich …
- Wir vertrauen auf dich, unseren Erlöser. – Herr, erbarme dich …

Tagesgebet

Barmherziger Gott, wir dürfen dich Vater nennen, denn du hast uns in der Taufe als deine Kinder angenommen. Du lässt uns nicht allein. Immer begleitest du uns mit der Kraft deines Geistes. Lass uns dies nicht vergessen, wenn wir uns hilflos und ohnmächtig fühlen, und stärke in uns das Vertrauen, dass wir auch in schweren Tagen bei dir Halt und Sinn finden. So bitten wir dich durch Jesus Christus, unseren Herrn.

Evangelium Lk 12,35–40

In jener Zeit sprach Jesus zu seinen Jüngern: Legt euren Gürtel nicht ab, und lasst eure Lampen brennen! Seid wie Menschen, die auf die Rückkehr ihres Herrn warten, der auf einer Hochzeit ist, und die ihm öffnen, sobald er kommt und anklopft. Selig die Knechte, die der Herr wach findet, wenn er kommt. Amen, ich sage euch: Er wird sich gürten, sie am Tisch Platz nehmen lassen und sie der Reihe nach bedienen. Und kommt er erst in der zweiten oder dritten Nachtwache und findet sie wach – selig sind sie. Bedenkt: Wenn der Herr des Hauses wüsste, in welcher Stunde der Dieb kommt, so würde er verhindern, dass man in sein Haus einbricht. Haltet auch ihr euch bereit! Denn der Menschensohn kommt zu einer Stunde, in der ihr es nicht erwartet.

Meditation

Wach sein, bereit sein,
denn jeder Augenblick des Lebens
ist wichtig
und kostbar.

Wie häufig verrinnt die Zeit
ungenutzt
und das Leben bleibt
an der Oberfläche.
Und wie schnell ist vergessen:
Das Leben ist endlich;
eines Tages wird es sich entscheiden,
wie gelungen
oder misslungen
mein Leben ist.

Darum, so mahnt Jesus,
nutze die Zeit!
Ob du krank bist oder gesund –
jeder Tag, er ist wichtig.
Koste sie aus, die Zeit,
genieße sie,
und was noch fehlt,
was du noch tun möchtest,
tue es jetzt!
Und was noch ansteht an Dank,
an Versöhnung und Klärung,
an Austausch und Bitte –
verschiebe es nicht,
tue es jetzt!

Wach sein, bereit sein,
denn jeder Augenblick des Lebens
ist wichtig
und kostbar.

Fürbitten

Herr Jesus Christus, du preist jene Menschen glücklich, die so wachsam und bewusst leben, dass sie jederzeit ihr Leben dir zurückgeben könnten. Wir bitten dich:

– Lass uns dankbar sein für die Zeit, die du uns schenkst, und lass sie uns so gestalten können, dass sie nicht vertan ist.

- Schenke uns Geduld, wenn die Besserung unserer Lebensumstände nicht so schnell voranschreitet, wie wir das gerne hätten.
- Sei nahe allen, die sich vor dem Ende ihres Lebens fürchten, und hilf ihnen, ihre Angst zu bestehen und zu mehr Vertrauen zu finden.
- Schenke jenen die Kraft zur Umkehr, die einsehen, dass ihre jetzige Lebensweise zu Schuld und Unfrieden führt, und stärke sie in ihrer Bereitschaft, ihr Leben zum Besseren zu wenden.

Schlussgebet (siehe S. 247 ff.)

Segensgebet (siehe S. 251 ff.)

Leben in Unruhe

Kyrieruf

Herr Jesus Christus,
– es gibt Zeiten, da quält uns eine innere Unruhe: Herr, erbarme dich …
– es gibt Zeiten, da sind wir hin- und hergerissen zwischen Hoffnung und Zweifel: Christus, erbarme dich …
– es gibt Zeiten, da fühlen wir uns so elend und wertlos: Herr, erbarme dich …

Tagesgebet

Barmherziger Gott, wer dich liebt, darf sicher sein, dass sein Leben eine gute Zukunft hat. So bitten wir dich: Stärke in uns die Liebe und das Vertrauen auf dich, damit wir auch dann von dem Sinn, dem Wert und der Würde unseres Lebens überzeugt sind, wenn Krankheit, Leid oder Angst uns bedrohen. Du hast uns versprochen, uns einmal das Leben in Fülle zu schenken. Lass uns in dieser Verheißung Trost und Kraft finden. So bitten wir dich durch Jesus Christus, unseren Bruder und Herrn.

Evangelium Lk 12,49–53

In jener Zeit sprach Jesus zu seinen Jüngern: Ich bin gekommen, um Feuer auf die Erde zu werfen. Wie froh wäre ich, es würde schon brennen! Ich muss mit einer Taufe getauft werden, und ich bin sehr bedrückt, solange sie noch nicht vollzogen ist. Meint ihr, ich sei gekommen, um Frieden auf die Erde zu bringen? Nein, sage ich euch, nicht Frieden, sondern Spaltung. Denn von nun an wird es so sein: Wenn fünf Menschen im gleichen Haus leben, wird Zwietracht herrschen: Drei werden gegen zwei stehen und zwei gegen drei, der Vater gegen den Sohn und der Sohn gegen den Vater, die Mutter gegen die Tochter und die Tochter gegen die Mutter, die Schwiegermutter gegen ihre Schwiegertochter und die Schwiegertochter gegen die Schwiegermutter.

Meditation

Zeiten der Spannung, der Last und der Mühe. Zeiten der inneren oder äußeren Unruhe – sie sind Jesus nicht fremd. Jesus weiß darum, dass es im Leben nicht nur Wohlbefinden und Frieden geben kann.
Gott ist kein Gott nur für die schönen Tage. Gott zeigt seine Nähe und seine Kraft gerade dann, wenn es schwer wird. Gott steht immer auf der Seite der Leidenden. Gott flieht nicht, wenn es im Leben dunkel wird.
Wir träumen häufig von einem Leben ohne Hindernisse: Alles soll leicht von der Hand gehen, alles soll glücken und gelingen. Und wenn schon nicht alles, dann doch möglichst vieles. Schön, wenn wir dies erfahren dürfen – aber sicher ist es nicht. Wie schnell kann sich alles verändern!

Nichts ist sicher. Sicher ist nur, dass ich auch in meinen schweren Erfahrungen nicht alleine bleiben muss. Gott ist solidarisch mit mir im Leiden. Er hält mit mir durch, er hält mit mir aus. Wir sehnen uns nach einer Welt und einem Leben ohne Leid und Not. Und wir stellen uns vor, Gott könnte doch, wenn er nur wollte, mit seiner Macht all dem Elend ein Ende bereiten. Die Wirklichkeit sieht anders aus. Gott befreit uns nicht von Leid und Not, aber er gibt uns breite Schultern, das Schwere zu tragen.
Mehr noch: Er trägt mit. Er legt sich selbst ins Zeug.

Fürbitten

Herr Jesus Christus, aus der Unruhe und Last unseres Lebens rufen wir zu dir:

- Sei Halt und Kraft all denen, die Schweres zu tragen haben.
- Sei Halt und Stütze all denen, die befürchten, dem nicht gewachsen zu sein, was auf sie zukommt.
- Sei Halt und Hoffnung all denen, die sich mit Zweifeln und Ängsten herumquälen.
- Sei Halt und Trost all denen, die über den Verlust von Lebensmöglichkeiten trauern.

Schlussgebet (siehe S. 247 ff.)

Segensgebet (siehe S. 251 ff.)

Sehnsucht nach gelingendem Leben

Kyrieruf

Herr Jesus Christus,
- du weißt um unsere Sehnsucht nach einem guten Leben: Herr, erbarme dich …
- du weißt auch um unsere Zweifel und Ängste: Christus, erbarme dich …
- du stärkst uns jetzt mit dem Brot, das du selber bist: Herr, erbarme dich …

Tagesgebet

Gott, du willst, dass Liebe, Glück und Frieden unser Leben prägen. Du weißt aber auch, wie schwach und gefährdet wir Menschen manchmal sind. So bitten wir dich: Lass uns in dem Auf und Ab unseres Lebens stets fest darauf vertrauen, dass die Hoffnung in uns kraftvoller bleibt als das, was uns zweifeln lässt, und die Zuversicht stärker als das, was uns Angst macht. Das erbitten wir von dir durch Jesus Christus, deinen Sohn und unseren Bruder.

Evangelium Lk 13,22–30

In jener Zeit zog Jesus auf seinem Weg nach Jerusalem von Stadt zu Stadt und von Dorf zu Dorf und lehrte.

Da fragte ihn einer: Herr, sind es nur wenige, die gerettet werden? Er sagte zu ihnen: Bemüht euch mit allen Kräften, durch die enge Tür zu gelangen; denn viele, sage ich euch, werden versuchen hineinzukommen, aber es wird ihnen nicht gelingen.
Wenn der Herr des Hauses aufsteht und die Tür verschließt, dann steht ihr draußen, klopft an die Tür und ruft: Herr, mach uns auf! Er aber wird euch antworten: Ich weiß nicht, woher ihr seid. Dann werdet ihr sagen: Wir haben doch mit dir gegessen und getrunken, und du hast auf unseren Straßen gelehrt. Er aber wird erwidern: Ich sage euch, ich weiß nicht, woher ihr seid. Weg von mir, ihr habt alle Unrecht getan! Da werdet ihr heulen und mit den Zähnen knirschen, wenn ihr seht, dass Abraham, Isaak und Jakob und alle Propheten im Reich Gottes sind, ihr selbst aber ausgeschlossen seid. Und man wird von Osten und Westen und von Norden und Süden kommen und im Reich Gottes zu Tisch sitzen. Dann werden manche von den Letzten die Ersten sein und manche von den Ersten die Letzten.

Meditation

„Herr, sind es nur wenige, die gerettet werden?" Ja, wer wird gerettet? Wie kann mir das Leben gelingen? Wo ein Wille ist, ist auch ein Weg – sagt das Sprichwort. Gerettet werden will jener. Und Jesus zeigt den Weg: „Bemüht euch mit allen Kräften, durch die enge Tür zu gelangen."

Mit allen Kräften? Es geht nicht um äußere Kraftanstrengungen. Es geht nicht um ein zwanghaftes Sich-Mühen und Kämpfen. Das Leben ist häufig schon Last genug, und eine Krankheit oder die Beschwernisse des Alters können eine ganze Menge an Kraft kosten. Glauben will aber nicht Last sein, sondern ein Ort der heilenden Erfahrung: Ich darf vertrauen, ich bin getragen und gehalten!

„Bemüht euch mit allen Kräften, durch die enge Tür zu gelangen." Worum ich mich bemühe, daran hängt mein Herz. Und das beeinflusst mein Verhalten, mein Denken, Fühlen und Tun. Um es an einem Beispiel zu verdeutlichen: Wer verliebt ist, wird als Verliebter handeln, denken und fühlen. Er kann sein Verliebtsein nicht einfach zur Seite schieben; die Sehnsucht nach Liebe wird sein Leben bestimmen und bereichern.

Was bestimmt mich? Was beeinflusst mein Verhalten, mein Denken, Fühlen und Tun? Ist es die Sehnsucht, mein Leben möge mir gelingen, auch jetzt, wo manches anders verläuft, als ich das gerne möchte? Oder lasse ich mich von dem, was auf mich zukommt, so in Beschlag nehmen, dass für gute Erfahrungen kein Platz mehr ist?

Wo die Sehnsucht lebendig ist, ist auch der Glaube lebendig. Gerade in Zeiten, in denen der Mensch erfahren muss, wie bedroht und belastet das Leben oft ist, ist die Sehnsucht lebensnotwendig. Wer seiner Sehnsucht nachspürt, sie in sich zulässt und wachhält, der öffnet Stück für Stück die enge Tür.

Wo ein Wille ist, ist auch ein Weg – sagt das Sprichwort. Wo in mir der Wille ist und die Sehnsucht wächst, das Leben möge mir gelingen, da wird sich auch ein Weg zeigen und die enge Tür sich öffnen, die Tür, die zu Jesus Christus führt, zu ihm, der von sich sagt: „Ich bin der Weg und die Wahrheit und das Leben" (Joh 14,6).

Fürbitten

Wir beten zu Jesus Christus, der will, dass wir leben können und den Mut zum Leben bewahren:
- Manche leben in ständiger Angst, Fehler zu machen: Hilf ihnen, auch das Gute zu sehen, das sie vollbringen.
- Manche sind durch Enttäuschung und Bitterkeit innerlich wie gelähmt: Richte sie auf, damit sie wieder Mut fassen und vertrauensvoll nach vorn blicken.
- Manche stöhnen unter der Last, die Krankheit oder Alter ihnen auferlegen? Gib ihnen die Kraft, das tragen zu können, was das Leben ihnen zumutet.
- Manche sehnen sich danach, im Glauben Halt und Trost zu finden: Lass sie erfahren dürfen, wie du an ihrer Seite stehst und ihnen Stütze bist.

Schlussgebet (siehe S. 247 ff.)

Segensgebet (siehe S. 251 ff.)

Wir sind eingeladen

Kyrieruf

Herr Jesus Christus,
- du lädst uns ein zum Mahl des Lebens: Herr, erbarme dich …
- zu dir darf jeder kommen, der auf dich vertraut: Christus, erbarme dich …
- im Zeichen des Brotes stärkst du uns jetzt mit jenem Leben, das bleibt: Herr, erbarme dich …

Tagesgebet

Allmächtiger Gott, von dir kommt alles Gute. Lass uns das nicht vergessen, gerade in den Zeiten, in denen das Leben eher Last als Freude ist. Und lass uns Halt finden in der Zuversicht, dass das Schwere erträglich bleibt, solange wir auf dich vertrauen. So mögen die Kraft und die Hoffnung wachsen, die du in uns hineingelegt hast, damit wir im Leben bestehen. So bitten wir dich durch Jesus Christus, deinen Sohn und unseren Bruder, der uns auf unserem Weg durch das Leben begleitet.

Evangelium Lk 14,1.7–14

Als Jesus an einem Sabbat in das Haus eines führenden Pharisäers zum Essen kam, beobachtete man ihn genau. Als er bemerkte, wie sich die Gäste die Ehrenplätze aussuchten, nahm er das zum Anlass, ihnen eine Lehre zu erteilen. Er sagte zu ihnen: Wenn du zu einer Hochzeit eingeladen bist, such dir nicht den Ehrenplatz aus. Denn es könnte ein anderer eingeladen sein, der vornehmer ist als du, und dann würde der Gastgeber, der dich und ihn eingeladen hat, kommen und zu dir sagen: Mach diesem hier Platz! Du aber wärst beschämt und müsstest den untersten Platz einnehmen. Wenn du also eingeladen bist, setz dich lieber, wenn du hinkommst, auf den untersten Platz; dann wird der Gastgeber zu dir kommen und sagen: Mein Freund, rück weiter hinauf! Das wird für dich eine Ehre sein vor allen anderen Gästen. Denn wer sich selbst erhöht, wird erniedrigt, und wer sich selbst erniedrigt, wird erhöht werden.

Dann sagte er zu dem Gastgeber: Wenn du mittags oder abends ein Essen gibst, so lade nicht deine Freunde oder deine Brüder, deine Verwandten oder reiche Nachbarn ein; sonst laden auch sie dich ein, und damit ist dir wieder alles vergolten. Nein, wenn du ein Essen gibst, dann lade Arme, Krüppel, Lahme und Blinde ein. Du wirst selig sein, denn sie können es dir nicht vergelten; es wird dir vergolten werden bei der Auferstehung der Gerechten.

Meditation

Beim Gastmahl Gottes
ist Platz für alle,
beim Gastmahl Gottes
ist jeder wichtig.

Da kommt es nicht
auf die Dinge an,
die sonst im Leben
so bedeutend scheinen:
Ob jemand reich ist oder arm,
beliebt oder nur geduldet,
stark oder schwach,
gesund oder krank.

Beim Gastmahl Gottes
ist Platz für alle,
beim Gastmahl Gottes
ist jeder wichtig.

Ich muss vor Gott nichts leisten,
aber ich darf viel von ihm empfangen.
Gott hat einen Blick
für die Leidenden, die Schwachen.
Gott sagt zu denen,
die sich unten fühlen:
„Freund, rück weiter hinauf!"

Beim Gastmahl Gottes
ist Platz für alle,

beim Gastmahl Gottes
ist jeder wichtig.

So hat Gott jetzt
den Tisch bereitet,
um Mahl zu halten,
er mit mir.
So, wie ich bin,
bin ich ihm wichtig.
So, wie ich bin,
nimmt er mich an.
Er sagt zu mir:
Freund, rück hinauf!
Nimm! Iss! Dies Brot,
das bin ich selbst,
das ist das Leben,
das Leben für dich.

Beim Gastmahl Gottes
ist Platz für alle,
beim Gastmahl Gottes
ist jeder wichtig.

Lied Sonne der Gerechtigkeit 644

Fürbitten

Wir beten zu Gott, der uns Platz nehmen lässt am Tisch des Lebens:

– Für diejenigen, die Angst haben, zu kurz zu kommen: Lass sie spüren, dass auch ihr Leben einen

Wert hat, und hilf ihnen, offen zu sein für die guten Erfahrungen, die ihnen geschenkt werden.

- Für diejenigen, die sich nur schwer damit abfinden können, nicht mehr so leistungsfähig zu sein wie früher: Lass sie entdecken, dass das Leben auch dann seinen Sinn behält, wenn die Kräfte nachlassen und man auf Hilfe anderer angewiesen ist.
- Für diejenigen, die sich so an ihren eigenen Fehlern und Schwächen reiben, dass sie an ihrem Leben keine Freude mehr haben: Lass sie geduldiger werden mit sich selbst und mit anderen und so zu mehr innerem Frieden finden.
- Für diejenigen, die augenblicklich nur wenig von den guten Seiten des Lebens erfahren, weil eine innere oder äußere Not sie belastet: Lass sie festhalten an der Hoffnung, dass der Tisch des Lebens auch für sie gedeckt bleibt.

Vater unser / Lamm Gottes / Seht das Lamm Gottes das...

Schlussgebet (siehe S. 247 ff.)

CD

Selig die zum Mahl des Lammes geladen sind.

Segensgebet (siehe S. 251 ff.)

Lied 257 Großer Gott

Erfreue dich Himmel Q 467

Loslassen und Verzichten

Kyrieruf

Herr Jesus Christus,
- du sagst, wer in Kreuz und Leid aushält, ist dir ganz nahe: Herr, erbarme dich …
- du gibst uns die Kraft, mit den Einschränkungen unseres Lebens fertigzuwerden: Christus, erbarme dich …
- du speisest uns jetzt mit dem Brot des Lebens, um uns zu stärken auf dem Weg durch Kreuz und Leid: Herr, erbarme dich …

Tagesgebet

Gütiger Gott, weil Jesus, dein Sohn, Mensch geworden ist und alles mit uns geteilt hat, was Menschen erfahren, auch Leid und Not, sind wir in unseren Leiden und Nöten bei dir gut aufgehoben. Darauf lass uns vertrauen, wenn die Angst in uns aufkommt, wir könnten fallen. Und halte deine schützende Hand über alle, deren Leben bedroht ist. So bitten wir dich durch Jesus Christus, deinen Sohn, der für uns den Weg des Leidens und Sterbens ging, damit wir den Weg zum Leben finden.

Evangelium Lk 14,25–33

In jener Zeit, als viele Menschen Jesus begleiteten, wandte er sich an sie und sagte: Wenn jemand zu mir

kommt und nicht Vater und Mutter, Frau und Kinder, Brüder und Schwestern, ja sogar sein Leben gering achtet, dann kann er nicht mein Jünger sein. Wer nicht sein Kreuz trägt und mir nachfolgt, der kann nicht mein Jünger sein.
Wenn einer von euch einen Turm bauen will, setzt er sich dann nicht zuerst hin und rechnet, ob seine Mittel für das ganze Vorhaben ausreichen? Sonst könnte es geschehen, dass er das Fundament gelegt hat, dann aber den Bau nicht fertigstellen kann. Und alle, die es sehen, würden ihn verspotten und sagen: Der da hat einen Bau begonnen und konnte ihn nicht zu Ende führen.
Oder wenn ein König gegen einen anderen in den Krieg zieht, setzt er sich dann nicht zuerst hin und überlegt, ob er sich mit seinen zehntausend Mann dem entgegenstellen kann, der mit zwanzigtausend gegen ihn anrückt? Kann er es nicht, dann schickt er eine Gesandtschaft, solange der andere noch weit weg ist, und bittet um Frieden.
Darum kann keiner von euch mein Jünger sein, wenn er nicht auf seinen ganzen Besitz verzichtet.

Meditation

Verzichten. Verzichten auf seinen ganzen Besitz. Das ist mehr als eine Geldangelegenheit. Wer verzichtet schon gerne freiwillig? Verzichten muss gelernt und eingeübt werden, und das ist oft eine harte Schule.

Wenn eine Erkrankung mich dazu zwingt, manch lieb gewonnene Gewohnheit aufzugeben, dann muss ich lernen, zu verzichten und loszulassen – anders geht das nicht. Wenn ich nicht mehr so beweglich und unabhängig sein kann, wie das bisher der Fall war, wenn das Altwerden und die damit verbundenen Beschwerden mir manches an Lebens- und Entfaltungsmöglichkeiten nehmen, dann muss ich lernen, zu verzichten und loszulassen – anders geht das nicht.
Wer nicht verzichten und loslassen lernt, der verbittert. Und er verbaut sich den Weg und verengt sein Leben. Darum sagt Jesus: Es „kann keiner von euch mein Jünger sein, wenn er nicht auf seinen ganzen Besitz verzichtet".
Verzichten muss gelernt und eingeübt werden, und das ist oft eine harte Schule. Das ist oft verbunden mit schweren Gefühlen, mit Angst, mit Sorge, mit Einsamkeit. Jesus sagt heute: Auch in diesen Erfahrungen bist du nicht allein – ich bin und bleibe dir nahe! Ich bin dir nicht nur nahe, wenn du mir dankst, weil es dir gut geht; ich bin dir auch nahe, wenn es schwer für dich wird und du innerlich wie gelähmt bist, weil du auf Dinge und Lebensmöglichkeiten verzichten musst, die du gerne behalten hättest.
Jesus sagt: das Kreuz tragen, unter dem Kreuz standhalten, das bedeutet Nachfolge. Das bedeutet: Jesus ist mir nahe. Und er gibt mir Kraft.

Fürbitten

Jesus Christus, du sagst: „Wer nicht sein Kreuz trägt und mir nachfolgt, der kann nicht mein Jünger sein." So bitten wir dich für alle, die ein Kreuz zu tragen haben:

– Für diejenigen, die das Kreuz der Krankheit oder des Alters zu tragen haben: Lass sie Halt finden in dem Vertrauen, dich auf ihrem Leidensweg an ihrer Seite zu wissen.
– Für diejenigen, die das Kreuz der Einsamkeit zu tragen haben: Bewahre sie vor Verbitterung und lass ihnen Menschen begegnen, die Zeit für sie haben und ihnen Aufmerksamkeit und Achtung schenken.
– Für diejenigen, die das Kreuz der Todesangst zu tragen haben: Befreie sie von ihrer Furcht und lass sie in Zuversicht und innerem Frieden den Weg durch den Tod hin zu dir gehen können.
– Für diejenigen, die das Kreuz des Verzichtes zu tragen haben. Lass sie erfahren, dass ihnen, auch wenn sie loslassen müssen, noch genügend bleibt, um an dem Wert und dem Sinn des Lebens festhalten zu können.

Schlussgebet (siehe S. 247 ff.)

Segensgebet (siehe S. 251 ff.)

Wiedergefunden

Kyrieruf

Herr Jesus Christus,
- du willst bei denen sein, die sich verloren fühlen: Herr, erbarme dich …
- du willst diejenigen aufrichten, die mutlos geworden sind: Christus, erbarme dich …
- du willst diejenigen heilen, die verwundet sind: Herr, erbarme dich …

Tagesgebet

Gott, alles liegt in deinen Händen. Du willst, dass wir in dem, was das Leben uns abverlangt, bestehen können. Stärke in uns das Vertrauen, von dir die Kraft zu erhalten, die wir zum Leben brauchen, auch wenn es Augenblicke geben kann, in denen dies zunächst anders zu sein scheint, und lass uns erfahren dürfen, wie du alles zum Guten führst. So bitten wir dich durch Jesus Christus, deinen Sohn, unseren Bruder und Herrn.

Evangelium Lk 15,1–10

In jener Zeit kamen alle Zöllner und Sünder zu Jesus, um ihn zu hören. Die Pharisäer und die Schriftgelehr-

ten empörten sich darüber und sagten: Er gibt sich mit Sündern ab und isst sogar mit ihnen.
Da erzählte er ihnen ein Gleichnis und sagte: Wenn einer von euch hundert Schafe hat und eins davon verliert, lässt er dann nicht die neunundneunzig in der Steppe zurück und geht dem verlorenen nach, bis er es findet? Und wenn er es gefunden hat, nimmt er es voll Freude auf die Schultern, und wenn er nach Hause kommt, ruft er seine Freunde und Nachbarn zusammen und sagt zu ihnen: Freut euch mit mir; ich habe mein Schaf wiedergefunden, das verloren war. Ich sage euch: Ebenso wird auch im Himmel mehr Freude herrschen über einen einzigen Sünder, der umkehrt, als über neunundneunzig Gerechte, die es nicht nötig haben umzukehren.
Oder wenn eine Frau zehn Drachmen hat und eine davon verliert, zündet sie dann nicht eine Lampe an, fegt das ganze Haus und sucht unermüdlich, bis sie das Geldstück findet? Und wenn sie es gefunden hat, ruft sie ihre Freundinnen und Nachbarinnen zusammen und sagt: Freut euch mit mir; ich habe die Drachme wiedergefunden, die ich verloren hatte. Ich sage euch: Ebenso herrscht auch bei den Engeln Gottes Freude über einen einzigen Sünder, der umkehrt.

Meditation

Manchmal
kann man sich sehr verloren vorkommen.

Und wie schnell geschieht das:
Ich fühle mich einsam!
Niemand will mich verstehen!
Die Krankheit wird unerträglich!
Die Angst drückt mich nieder!
Die Schwäche nimmt zu!
Die Ungeduld wächst!
Es ist vieles so schwer:

Manchmal
kann man sich sehr verloren vorkommen.
Es gibt einen, der sucht.
Es gibt einen,
der gibt keine Ruhe,
bis er bei denen ist,
die sich verloren vorkommen.
Er will sie wieder dahin tragen,
wo sie hingehören:
in die Mitte des Lebens.

Manchmal
kann man sich sehr verloren vorkommen.
Und dann ist es wichtig,
sich an den zu erinnern,
der die Verlorenen sucht,
um ihnen nahe zu sein.
Wie ein Hirt sorgt für die Schafe,
so sorgt Jesus für uns,
schenkt den Trost, den wir suchen,
gibt die Kraft, die wir brauchen,

will uns stärken und aufrichten,
damit wir wieder
an Leben gewinnen.

Manchmal
kann man sich sehr verloren vorkommen.
Aber einer sucht uns,
bis er uns findet.
Er sucht unsere Nähe:
in dem Wort, das er zu uns spricht,
und im Zeichen des Brotes,
der Speise der Verlorenen,
der Speise der Suchenden,
der Speise zum Leben.

Fürbitten

Herr Jesus Christus, es ist dein Wille, den Menschen nahe zu sein und ihnen die Kraft zum Leben zu geben. Wir bitten dich

- für diejenigen, die sich verloren vorkommen: Lass ihnen Menschen begegnen, die ihnen die Erfahrung von Nähe und Geborgenheit schenken.
- für diejenigen, die im Dunkel von Krankheit, Leid und Angst gefangen sind: Führe sie wieder in das Licht des Vertrauens und der Hoffnung.
- für diejenigen, die sich in eine Schuld verstrickt haben: Zeige ihnen Wege zur Umkehr und gib ihnen Mut, diese Wege auch zu gehen.

– für diejenigen, die sich um Kranke und in Not Geratene kümmern: Schenke ihnen Verständnis und Geduld, Kraft und Ausdauer in ihrem Tun.

Schlussgebet (siehe S. 247 ff.)

Segensgebet (siehe S. 251 ff.)

Sich für das Leben entscheiden

Kyrieruf

Herr Jesus Christus,
- wo die Angst das Leben bestimmt, willst du Mut machen zum Vertrauen: Herr, erbarme dich …
- wo der Zweifel das Leben bestimmt, willst du Mut machen zur Zuversicht: Christus, erbarme dich …
- wo das Leid das Leben bestimmt, willst du Mut machen zur Hoffnung: Herr, erbarme dich …

Tagesgebet

Gott, die Liebe vermag alles. Sie soll unser Leben gestalten, auch in den Tagen von Krankheit und Leid. Wir bitten dich: Lass uns offen bleiben für die Liebe, gerade in den Augenblicken, wo das Herz sich verschließen will, weil Angst und Verbitterung sich breitmachen, und stärke in uns das Vertrauen, dass wir zur Liebe fähig sind und fähig bleiben, weil du selbst die Kraft zur Liebe in uns hineingelegt hast. So bitten wir dich durch Jesus Christus, unseren Bruder und Herrn.

Evangelium Lk 16,10–13

In jener Zeit sprach Jesus zu seinen Jüngern: Wer in den kleinsten Dingen zuverlässig ist, der ist es auch in den großen, und wer bei den kleinsten Dingen Un-

recht tut, der tut es auch bei den großen. Wenn ihr im Umgang mit dem ungerechten Reichtum nicht zuverlässig gewesen seid, wer wird euch dann das wahre Gut anvertrauen?
Und wenn ihr im Umgang mit dem fremden Gut nicht zuverlässig gewesen seid, wer wird euch dann euer wahres Eigentum geben?
Kein Sklave kann zwei Herren dienen; er wird entweder den einen hassen und den andern lieben, oder er wird zu dem einen halten und den andern verachten. Ihr könnt nicht beiden dienen, Gott und dem Mammon.

Meditation

Krank sein, alt werden, das kann neue, ungewohnte Erfahrungen mit sich bringen.
Zum Beispiel diese: Ich bin nicht mehr völlig frei in meinen Entscheidungen. Meine Krankheit, meine Schwäche, meine Beschwernisse – sie bestimmen über mich, nicht ich über sie.
Das kann so weit führen, dass ich mich völlig von ihnen vereinnahmen lasse und gleichsam zum Gefangenen meiner schweren Erfahrungen werde. So wie manche Menschen nur vom Geld reden, so rede ich dann immer nur von dem, was mich bedrückt. Die Not, die ich durchstehen muss, die Last, die mir zu schaffen macht, sie haben mich so im Griff, dass ich keinen Blick mehr habe für die guten und schönen Seiten des Lebens, die mir verblieben sind.

Niemand kann „zwei Herren dienen“, sagt Jesus. Und: „Ihr könnt nicht beiden dienen, Gott und dem Mammon.“ Der Mammon zeigt sich nicht nur in barer Münze. Der Mammon ist ein Bild für alles, was einen Menschen so stark beherrschen kann, dass für andere, gegenteilige Erfahrungen kein Platz mehr ist.
Wem diene ich? Dem Mammon, also jenen Kräften, die mir das Leben verdüstern und einengen, oder Gott, der mir zum Leben Mut machen will? Wem schenke ich mehr Gehör: meinen Zweifeln und Ängsten oder meiner Sehnsucht nach Leben? Was bestimmt mich stärker: Misstrauen oder Vertrauen, Resignation oder Hoffnung?
Vielleicht ist dies ein ständiger Kampf in mir. Vielleicht muss ich mich jeden Tag neu entscheiden, entscheiden für das Leben. Und den Tag beginnen mit der Bitte: Gott, schenke mir die Kraft, den Erfahrungen, die mich zum Leben führen, mehr zu trauen als den Erfahrungen, die mir Angst bereiten.

Fürbitten

Im Kampf zwischen Angst und Vertrauen, zwischen Leben und Tod rufen wir zu Gott:

- Steh uns bei und stärke uns, damit wir uns stets für das entscheiden, was das Leben fördert und ihm dient.
- Bewahre uns davor, nur von solchen Gedanken und Gefühlen beeinflusst zu werden, die uns das Leben verdunkeln.

- Öffne jenen, die nur wenig oder keinen Sinn für ihr Leben sehen, den Blick für die Würde und die Kraft, die mit ihrem Leben verbunden sind.
- Sei denen nahe, die von Krankheit oder Not belastet sind, und schenke ihnen den Mut, ihren Lebensmöglichkeiten zu vertrauen.

Schlussgebet (siehe S. 247 ff.)

Segensgebet (siehe S. 251 ff.)

Offen bleiben

Kyrieruf

Herr Jesus Christus,
– du stehst auf der Seite derer, die in Not sind: Herr, erbarme dich …
– du stärkst uns jetzt mit der Speise des Lebens, damit wir an unserer Not nicht zerbrechen: Christus, erbarme dich …
– du mahnst uns, trotz der eigenen Not offen zu bleiben für die Not des anderen: Herr, erbarme dich …

Tagesgebet

Gütiger Gott, wo Menschen dir begegnen, erfahren sie Verständnis und Erbarmen. Darum bitten wir dich: Schau auf uns, schau auf die Last und die Sehnsucht unseres Lebens, schau auf die Erfahrungen, die uns bedrücken, und auf die, die uns Mut machen, und lass uns mit allem, was uns bewegt, bei dir aufgehoben und geborgen sein. So bitten wir dich durch Jesus Christus, deinen Sohn, unseren Bruder und Herrn.

Evangelium Lk 16,19–31

In jener Zeit sprach Jesus: Es war einmal ein reicher Mann, der sich in Purpur und feines Leinen kleidete und Tag für Tag herrlich und in Freuden lebte. Vor der Tür des Reichen aber lag ein armer Mann namens Lazarus, dessen Leib voller Geschwüre war. Er hätte gern seinen Hunger mit dem gestillt, was vom Tisch des Reichen herunterfiel. Stattdessen kamen die Hunde und leckten an seinen Geschwüren. Als nun der Arme starb, wurde er von den Engeln in Abrahams Schoß getragen. Auch der Reiche starb und wurde begraben. In der Unterwelt, wo er qualvolle Schmerzen litt, blickte er auf und sah von weitem Abraham, und Lazarus in seinem Schoß. Da rief er: Vater Abraham, hab Erbarmen mit mir und schick Lazarus zu mir; er soll wenigstens die Spitze seines Fingers ins Wasser tauchen und mir die Zunge kühlen, denn ich leide große Qual in diesem Feuer. Abraham erwiderte: Mein Kind, denk daran, dass du schon zu Lebzeiten deinen Anteil am Guten erhalten hast, Lazarus aber nur Schlechtes. Jetzt wird er dafür getröstet, du aber musst leiden. Außerdem ist zwischen uns und euch ein tiefer, unüberwindlicher Abgrund, sodass niemand von hier zu euch oder von dort zu uns kommen kann, selbst wenn er wollte. Da sagte der Reiche: Dann bitte ich dich, Vater, schick ihn in das Haus meines Vaters! Denn ich habe noch fünf Brüder. Er soll sie warnen, damit nicht auch sie an diesen Ort der Qual kommen. Abraham aber sagte: Sie haben Mose und die Propheten, auf die sollen sie hören. Er erwiderte: Nein, Vater Abraham, nur wenn einer von den Toten zu ihnen kommt, werden sie umkehren. Darauf sagte Abraham: Wenn sie auf Mose und die Propheten nicht hören, werden sie sich auch nicht überzeugen lassen, wenn einer von den Toten aufersteht.

Meditation

Lazarus –
Symbol für alle Menschen,
die vor der Tür des Lebens liegen;
Symbol für alle Menschen,
die nicht so können wie die anderen,
weil Krankheit oder Angst,
weil Schwäche oder Leid
sie niederdrücken
und gefangen halten.

Doch was am Ende zählt,
ist nicht die Leistung.
Was am Ende zählt,
ist nicht die Arbeit,
nicht das äußere Sein.
Es ist die innere Haltung,
die am Ende zählt,
die Offenheit des Herzens
und die Fähigkeit zur Liebe.
Darum wird Lazarus gerettet;
der reiche Mann jedoch,
der krampfhaft an dem festhält, was er hat,
er ist verloren.

Wer krank ist,
der muss – schmerzhaft oft – erfahren,
wie sich die Dinge wandeln
und wie das, was einmal wichtig war,
jetzt wertlos ist.
Und andere Dinge, früher kaum beachtet,
sie fehlen jetzt,
wo man sie dringend bräuchte.
Wer krank ist,
der muss – schmerzhaft oft – erfahren,
wie sich für ihn die Wichtigkeiten ändern,
wie vieles einen anderen Wert erhält
und sich die Sicht des eigenen Lebens wandelt.

In solchen Augenblicken,
wo es darum geht,
manch altgewohnte Dinge loszulassen,
um dann das Leben neu zu finden,
in solchen Augenblicken
möge Gott davor bewahren,
so hartherzig und eng zu sein
wie jener reiche Mann im Evangelium,
und so verbissen festzuhalten,
was wir am Ende doch nicht halten können.

In solchen Augenblicken,
wo es darum geht,
manch altgewohnte Dinge loszulassen,
um dann das Leben wieder neu zu finden,
in solchen Augenblicken schenk uns, Gott,

die Offenheit des Herzens
und die Fähigkeit zur Liebe.

Fürbitten

Wir beten zu Gott, der auf der Seite derer steht, die in Not sind:

- Erbarme dich derer, denen Krankheit und Leid schwer zu schaffen machen.
- Erbarme dich derer, die nach neuen Werten und Zielen für ihr Leben suchen müssen.
- Erbarme dich derer, die aufgrund schlimmer Erfahrungen verbittert, enttäuscht oder in sich verschlossen sind.
- Erbarme dich derer, die sich nach Liebe und Verständnis sehnen.

Schlussgebet (siehe S. 247 ff.)

Segensgebet (siehe S. 251 ff.)

Stärke unseren Glauben!

Kyrieruf

Herr Jesus Christus,
- du weißt um unsere Zweifel und Ängste: Herr, erbarme dich …
- du schenkst uns die Kraft zu Glaube und Vertrauen: Christus, erbarme dich …
- lass diese Kraft in uns immer stärker werden: Herr, erbarme dich …

Tagesgebet

Treuer Gott, du gibst uns in deiner Güte mehr, als wir erahnen, und Größeres, als wir erbitten. Deshalb: Nimm von uns die Angst, wir könnten zu kurz kommen und nicht die Kraft haben, die wir brauchen, um in den Belastungen des Lebens zu bestehen. Und schenke uns jenen Frieden, der darum weiß, dass wir stets in deiner Liebe und Barmherzigkeit geborgen sind. Darum bitten wir dich durch Jesus Christus, unseren Bruder und Herrn.

Evangelium Lk 17,5–10

In jener Zeit baten die Apostel den Herrn: Stärke unseren Glauben! Der Herr erwiderte: Wenn euer Glaube auch nur so groß wäre wie ein Senfkorn, würdet ihr

zu dem Maulbeerbaum hier sagen: Heb dich samt deinen Wurzeln aus dem Boden, und verpflanz dich ins Meer!, und er würde euch gehorchen.
Wenn einer von euch einen Sklaven hat, der pflügt oder das Vieh hütet, wird er etwa zu ihm, wenn er vom Feld kommt, sagen: Nimm gleich Platz zum Essen? Wird er nicht vielmehr zu ihm sagen: Mach mir etwas zu essen, gürte dich, und bediene mich; wenn ich gegessen und getrunken habe, kannst auch du essen und trinken. Bedankt er sich etwa bei dem Sklaven, weil er getan hat, was ihm befohlen wurde? So soll es auch bei euch sein: Wenn ihr alles getan habt, was euch befohlen wurde, sollt ihr sagen: Wir sind unnütze Sklaven; wir haben nur unsere Schuldigkeit getan.

Meditation

„Alles vermag der, der glaubt." So wird häufig gesagt. Doch oft ist es anders.
Ich möchte vertrauen – aber die Zweifel sind größer. Ich möchte hoffen – aber die Angst ist stärker. Ich möchte aushalten – aber es fehlt mir an Geduld. Ich möchte verzeihen – aber ich bleibe verbittert. Ich möchte glauben, dass ich die Kraft habe, mich in dem zurechtzufinden, was Tag für Tag auf mich zukommt – aber in diese Zuversicht mischen sich häufig Bedenken, Ungewissheit und Misstrauen.
„Alles vermag der, der glaubt." So wird es häufig gesagt: Doch oft ist es anders.

„Wenn euer Glaube auch nur so groß wäre wie ein Senfkorn", sagt Jesus, dann ... ja, dann könnte er eine Menge bewirken. Kein Vorwurf, sondern eher ein Hinweis: In uns steckt mehr Fähigkeit zum Glauben und Vertrauen, als wir es für möglich halten. Sie muss nur entdeckt und entfaltet werden, diese Glaubenskraft. Ich muss sie wachsen lassen. Ich darf ihr etwas zutrauen.

„Stärke unseren Glauben", so bitten die Apostel. Und der Herr verweist sie auf die inneren Kräfte, die Gott in jeden Menschen gelegt hat: Vertraut darauf, ihr seid zu mehr fähig, als ihr meint!

Auch wenn Zweifel da sind – ihr habt die Kraft, das Vertrauen zu behalten. Auch wenn Ängste aufkommen – ihr habt die Kraft, an der Hoffnung festzuhalten. Auch wenn Ungeduld euch quält – ihr habt die Kraft, das durchzustehen, was euch abverlangt wird. Auch wenn ihr verbittert seid – ihr habt die Kraft, irgendwann einmal aus dieser inneren Enge herauszukommen und versöhnter das anzuschauen, was euch verbittert hat.

„Alles vermag der, der glaubt." So wird es häufig gesagt. Und so kann es auch werden – mit Gottes Hilfe.

Fürbitten

Wir bitten Gott, unseren Vater,

– um die Kraft zum Glauben und Vertrauen für diejenigen, die mutlos geworden sind, weil sie zuviel an Enttäuschungen und Niederlagen erleben mussten.

- um die Kraft zum Glauben und Vertrauen für diejenigen, die sich darum sorgen, wie es mit ihnen weitergehen soll.
- um die Kraft zum Glauben und Vertrauen für diejenigen, die damit fertigwerden müssen, dass eine Erkrankung sie auf Dauer in ihren Lebensmöglichkeiten einschränkt.
- um die Kraft zum Glauben und Vertrauen für diejenigen, die darum wissen, dass ihr Leben bald zu Ende geht.

Schlussgebet (siehe S. 247 ff.)

Segensgebet (siehe S. 251 ff.)

Danken

Kyrieruf

Herr Jesus Christus,
- wo wir schwach sind, schenkst du uns Kraft: Herr, erbarme dich …
- wo wir verwundet sind, willst du uns heilen: Christus, erbarme dich …
- wo wir uns ängstigen, stärkst du unser Vertrauen: Herr, erbarme dich …

Tagesgebet

Herr, unser Gott, wir danken dir, dass du an unserer Seite bleibst, ganz gleich, was geschieht. In der Taufe hast du uns versprochen, uns immer neu die Kraft zum Leben zu schenken. Lass uns dieser Zusage trauen und aus ihr Kraft schöpfen für das, was wir zu bestehen haben. Darum bitten wir dich durch Jesus Christus, unseren Bruder und Herrn.

Evangelium Lk 17,11–19

Auf dem Weg nach Jerusalem zog Jesus durch das Grenzgebiet von Samarien und Galiläa. Als er in ein Dorf hineingehen wollte, kamen ihm zehn Aussätzige entgegen. Sie blieben in der Ferne stehen und riefen: Jesus, Meister, hab Erbarmen mit uns! Als er sie sah, sagte er zu ihnen: Geht, zeigt euch den Priestern! Und während sie zu den Priestern gingen, wurden sie rein. Einer von ihnen aber kehrte um, als er sah, dass er geheilt war; und er lobte Gott mit lauter Stimme. Er warf sich vor den Füßen Jesu zu Boden und dankte ihm. Dieser Mann war aus Samarien. Da sagte Jesus: Es sind doch alle zehn rein geworden. Wo sind die übrigen neun? Ist denn keiner umgekehrt, um Gott zu ehren, außer diesem Fremden? Und er sagte zu ihm: Steh auf und geh! Dein Glaube hat dir geholfen.

Meditation

Zehn Männer, zu Tode erkrankt: Aussatz, eine Krankheit, die sich – damals wenigstens – nicht heilen ließ, ein Sterben auf Raten.
Wer Aussatz hatte, der war so gut wie beerdigt, auch wenn er noch lebte. Trotzdem: Wer in Not ist, klammert sich an jeden Strohhalm, den er findet, und so kommen diese Todkranken zu Jesus und rufen: „Jesus, Meister, hab Erbarmen mit uns!" Sie sagen nicht: „Mach uns gesund! Heile unsere Haut!" Sie sagen vielmehr: „Hab Erbarmen mit uns!" Denn sie haben während ihrer Krankheit gespürt: Es reicht nicht allein, dass Haut und Knochen gesund sind. Um leben zu können, um heil zu werden, bedarf es mehr: des Erbarmens und der Hilfe Gottes. Und dies wird ihnen dann auch zuteil.

Gesund werden sie alle, erzählt das Evangelium weiter; aber nur zu einem sagt Jesus: „Steh auf und geh! Dein Glaube hat dir geholfen!" Gesund werden sie alle, geheilt und gerettet aber nur einer: Jener, der zurückkommt und dankt. Für ihn sind die Tage der Krankheit zu einer Zeit geworden, die ihn näher zu sich selbst und zu Gott gebracht hat. Ja, auch zu Gott. Und diese Erfahrung will er festhalten: die Erfahrung, dass der Mensch letztlich vom Erbarmen und der Liebe Gottes lebt; die Erfahrung, dass das Vertrauen auf diese Liebe einen zu halten und zu tragen vermag, gerade in Augenblicken, wo alles zu wanken droht; und die Erfahrung, dass der Mensch, will er wirklich heil werden, dieses Vertrauen wagen muss, immer neu, Schritt für Schritt.

Für den, der zurückkommt, ist das Leben mehr als das biologische Funktionieren des Körpers. Für den, der zurückkommt, hat das Leben jetzt einen tieferen Sinn erhalten, einen Sinn, der auch dann bleibt, wenn Lebensangst und Lebensbedrohung sich seiner wieder bemächtigen sollten. Denn auch dann gilt für ihn das befreiende Wort Jesu: „Steh auf und geh, dein Glaube hilft dir!"

Für den, der zurückkommt, waren die Tage der Krankheit nicht umsonst. Und dafür sagt er: Danke!

Fürbitten

Wir beten zu Jesus Christus, dem Heiland der Welt, dem Heiland unseres Lebens:

- Für diejenigen, die spüren dürfen, wie ihre Heilung Fortschritte macht: dass sie ihre Genesung nicht als etwas Selbstverständliches hinnehmen, sondern in Dankbarkeit verbunden bleiben mit dir, ihrem Heiland, und mit den Menschen, die ihnen zur Seite stehen.
- Für diejenigen, die erfahren müssen, wie eine Erkrankung ihre alten Lebensgewohnheiten infrage stellt: dass sie erkennen, was bisher nicht richtig war, und zu einer Einstellung finden, die sie zu einem gereifteren Leben führt.
- Für diejenigen, die für sich keinen Ausweg mehr sehen: dass sie nicht in Verzweiflung verfallen, sondern noch genügend Kraft finden, um sich in ihrer Not dir und anderen Menschen anzuvertrauen.
- Für diejenigen, die nicht nur körperlich krank, sondern auch seelisch verletzt sind: dass sie fähig werden, die Lähmung zu überwinden, die von diesen Verwundungen ausgeht, und den Mut haben, wieder vertrauensvoll in die Zukunft zu schauen.

Schlussgebet (siehe S. 247 ff.)

Segensgebet (siehe S. 251 ff.)

Von der Kraft des Gebetes

Kyrieruf

Herr Jesus Christus,
- du lädst uns ein, mit unseren Anliegen und Nöten zu dir zu kommen: Herr, erbarme dich …
- du rufst uns auf, durch unser Beten das Vertrauen zu dir zu vertiefen: Christus, erbarme dich …
- mit den Jüngern bitten wir dich: „Lehre uns beten!“: Herr, erbarme dich …

Tagesgebet

Allmächtiger Gott, du hast uns ins Dasein gerufen, und eines Tages werden wir unser Leben in deine Hände zurückgeben. Stets stehen wir unter deinem Schutz und deiner Sorge, denn du willst, dass wir leben können. Daher: Lass uns immer besser verstehen, wie gut es für uns ist, wenn dein Wille geschieht. Und lass uns Kraft finden in der Gewissheit, dass wir bei dir Verständnis und Hilfe finden in allem, was uns bewegt. Darum bitten wir durch Jesus Christus, deinen Sohn und unseren Herrn, der uns wie ein Bruder auf unserem Lebensweg zur Seite steht.

Evangelium Lk 18,1–8

In jener Zeit sagte Jesus zu den Jüngern durch ein Gleichnis, dass sie allezeit beten und darin nicht nachlassen sollten: In einer Stadt lebte ein Richter, der Gott nicht fürchtete und auf keinen Menschen Rücksicht nahm. In der gleichen Stadt lebte auch eine Witwe, die immer wieder zu ihm kam und sagte: Verschaff mir Recht gegen meinen Feind! Lange wollte er nichts davon wissen. Dann aber sagte er sich: Ich fürchte zwar Gott nicht und nehme auch auf keinen Menschen Rücksicht; trotzdem will ich dieser Witwe zu ihrem Recht verhelfen, denn sie lässt mich nicht in Ruhe. Sonst kommt sie am Ende noch und schlägt mich ins Gesicht. Und der Herr fügte hinzu: Bedenkt, was der ungerechte Richter sagt. Sollte Gott seinen Auserwählten, die Tag und Nacht zu ihm schreien, nicht zu ihrem Recht verhelfen, sondern zögern? Ich sage euch: Er wird ihnen unverzüglich ihr Recht verschaffen. Wird jedoch der Menschensohn, wenn er kommt, auf der Erde noch Glauben vorfinden?

Meditation

Von der Kraft des Gebetes
erzählt der Herr:
Mein Beten,
es ist nicht vergeblich,
auch wenn der Erfolg
nicht gleich auf der Hand liegt.
Mein Beten,
es ist nicht vergeblich,

selbst wenn die Dinge
dann anders kommen,
als ich sie erbitte.
Ich darf darauf bauen,
dass alles,
worum es mir geht,
von Gott verstanden wird.
Und ich darf darauf bauen,
dass er die Dinge so lenkt,
wie es gut für mich ist,
selbst wenn ich im Moment
den Weg nicht verstehe,
den er mit mir vorhat.
Gerade dann wird sich zeigen,
wie gefestigt mein Glaube,
ob ich darauf vertraue:
Wie Gott mich führt, wird es gut,
auch wenn es ganz anders ist,
als ich mir das dachte.

Von der Kraft des Gebetes
erzählt der Herr:
Wo mein Beten dazu führt,
dass mein Vertrauen wächst,
wo mein Beten dazu führt,
zu sagen: Dein Wille geschehe!,
da schenkt mein Beten mir Frieden
und die Kraft, die ich brauche,
um den Alltag zu meistern.

Von der Kraft des Gebetes
erzählt der Herr:
Mein Beten, es legt mein Leben
in Gottes gute Hände.

Fürbitten

Wir beten zu Jesus Christus, der uns ermuntert, in unserem Bitten nicht nachzulassen:

- Für diejenigen, die im Beten Kraft und Zuflucht suchen: Stärke sie in der Hoffnung und in dem Vertrauen, das sie mit ihrem Beten verbinden.
- Für diejenigen, deren Beten hauptsächlich darin besteht, Gott genaue Vorschriften zu machen: Lass sie entdecken, dass es beim Beten darum geht, fest darauf zu vertrauen, dass Gott es gut mit uns meint.
- Für diejenigen, die meinen, ihr Beten sei vergeblich: Lass sie spüren, dass sie von dir getragen und gehalten sind, auch wenn nicht alles so geschieht, wie sie es sich gewünscht haben.
- Für diejenigen, die so schwach oder verzweifelt sind, dass sie nicht mehr beten können: Lass sie in ihrer Dunkelheit und Not mitgetragen werden durch das Gebet der anderen.

Schlussgebet (siehe S. 247 ff.)

Segensgebet (siehe S. 251 ff.)

Angewiesen auf Barmherzigkeit

Kyrieruf

Herr Jesus Christus,
– wir bedürfen der Umkehr – du ermöglichst sie uns: Herr, erbarme dich …
– wir bedürfen der Vergebung – du gewährst sie uns: Christus, erbarme dich …
– wir bedürfen der Ermutigung – du schenkst sie uns: Herr, erbarme dich …

Tagesgebet

Treuer und allmächtiger Gott, Menschen, die sich dir anvertrauen, sind auf dem Weg zum Leben. Menschen, die sich dir anvertrauen, werden die Kraft finden, die sie brauchen, um auch mit den schweren und leidvollen Seiten des Lebens zurechtzukommen. Daher bitten wir dich: Stärke uns im Glauben, in der Hoffnung und in der Liebe. Lass uns mit Zuversicht den Weg des Lebens weitergehen und Kraft schöpfen dürfen aus deiner Zusage, dass du alles einmal zu einem guten Ende führen wirst. Darum bitten wir dich durch Jesus Christus, deinen Sohn und unseren Bruder.

Evangelium Lk 18,9–14

In jener Zeit erzählte Jesus einigen, die von ihrer eigenen Gerechtigkeit überzeugt waren und die anderen verachteten, dieses Beispiel: Zwei Männer gingen zum Tempel hinauf, um zu beten; der eine war ein Pharisäer, der andere ein Zöllner. Der Pharisäer stellte sich hin und sprach leise dieses Gebet: Gott, ich danke dir, dass ich nicht wie die anderen Menschen bin, die Räuber, Betrüger, Ehebrecher oder auch wie dieser Zöllner dort. Ich faste zweimal in der Woche und gebe dem Tempel den zehnten Teil meines ganzen Einkommens. Der Zöllner aber blieb ganz hinten stehen und wagte nicht einmal, seine Augen zum Himmel zu erheben, sondern schlug sich an die Brust und betete: Gott, sei mir Sünder gnädig! Ich sage euch: Dieser kehrte als Gerechter nach Hause zurück, der andere nicht. Denn wer sich selbst erhöht, wird erniedrigt, wer sich aber selbst erniedrigt, wird erhöht werden.

Meditation

Zwei Möglichkeiten, vor Gott zu stehen – zwei Möglichkeiten, sich und sein Leben zu begreifen.
Da ist der Pharisäer. Er ist stolz auf das, was er tut. Er denkt sich: Ich habe mein Leben bestens im Griff. Der Mensch braucht nur ein wenig guten Willen, und schon verläuft alles reibungslos. Wer Probleme hat, ist selbst daran schuld. Und so sieht sich der Pharisäer

auch gegenüber Gott: Ich brauche letztlich sein Erbarmen nicht! Gott wird zufrieden sein, bei mir ist ja alles in Ordnung!
Und da ist der Zöllner. Er weiß, wie ungereimt sein Leben ist. Er gibt offen zu: Manches ging daneben. Und er hat längst nicht alles im Griff. Selbst beim besten Willen kann es ein Scheitern geben. Der Zöllner gibt zu: Ich habe Probleme, ich brauche Hilfe. Er stellt sich ehrlich den dunklen und schwachen Seiten seines Lebens. Und so sieht er sich auch gegenüber Gott: Alles kommt auf Gottes Erbarmen an! „Gott, sei mir Sünder gnädig!“

Zwei Möglichkeiten, vor Gott zu stehen – zwei Möglichkeiten, sich und sein Leben zu begreifen.
In Zeiten von Krankheit und Leid, in Zeiten einer inneren oder äußeren Not sehen manche Dinge des Lebens anders aus als früher.
Und auch die Art, wie man seinen Glauben erfährt, kann sich ändern. Es ist nicht immer einfach zu erfahren: Das, worauf man oft gebaut hat, die eigene Leistung, die „reine Weste“, die helfen einem letztlich wenig weiter. Was man jetzt braucht, das hat man nicht mehr in der Hand: Hilfe und Verständnis, Geduld und Barmherzigkeit – die kann man nicht machen, die muss man sich schenken lassen.

Zwei Möglichkeiten, vor Gott zu stehen – zwei Möglichkeiten, sich und sein Leben zu begreifen: entweder

alles in der Hand haben zu wollen und perfekt zu sein wie der Pharisäer, oder um die Ungereimtheiten und Schwächen seines Lebens zu wissen und sie sich ehrlich einzugestehen wie der Zöllner.
Nur vom Zöllner sagt Jesus: Dieser kehrte als Gerechter nach Hause zurück.
Nur wer für sich zulässt, dass er auf die Barmherzigkeit Gottes angewiesen ist, gewinnt an Leben.

Fürbitten

Wir beten zu Gott, aus dessen Erbarmen wir leben:

- Für diejenigen, deren Glauben durch das Erleben von Krankheit und Leid auf dem Prüfstand steht: dass sie Abschied nehmen von dem Gedanken, sie müssten sich durch Leistung und Arbeit den Sinn ihres Lebens selber schaffen, und hinfinden zu der Offenheit, ihr Heil allein von dir zu erhoffen.
- Für diejenigen, deren Lebensmöglichkeiten durch Krankheit oder Alter eingeschränkt sind; dass sie sich Geduld und Lebensmut bewahren und stets die Kraft haben, die sie benötigen, um mit ihrer schwierigen Lage fertigzuwerden.
- Für diejenigen, die die Fehler und Wunden ihres Lebens leidvoll spüren: dass diese Erfahrung sie befähigt, gelassener und barmherziger zu sein gegenüber anderen und auch sich selbst.
- Für diejenigen, die die Fehler und Wunden ihres Lebens nicht wahrhaben wollen oder überspielen: dass

sie erkennen, wie diese Haltung sie innerlich hart macht und sie abschirmt von einem Leben in Offenheit und Liebe.

Schlussgebet (siehe S. 247 ff.)

Segensgebet (siehe S. 251 ff.)

Eine Würde haben

Kyrieruf

Herr Jesus Christus,
- du willst denen, die sich schwach und elend vorkommen, Mut und Kraft schenken: Herr, erbarme dich …
- du willst die, welche bedrückt und niedergeschlagen sind, aufrichten und trösten: Christus, erbarme dich …
- du willst die, welche sich an den Rand gedrängt fühlen, wieder in die Mitte des Lebens führen: Herr, erbarme dich …

Tagesgebet

Treuer und allmächtiger Gott, du hast in jeden Menschen so viel an Liebe und Kraft hineingelegt, dass er sein Leben zu bestehen vermag trotz Angst und Bedrohung. Diese Liebe und Kraft in uns willst du immer wieder stärken und erneuern. Wir danken dir für die Sorge und Hilfe, mit der du unser Leben begleitest, und bitten dich: Lass uns stets darauf vertrauen, dass der Mut zum Leben in uns stärker bleibt als das, was uns ängstigt und bedrückt. So beten wir zu dir durch Jesus Christus, unseren Herrn, der uns zum Bruder wurde und in dem du an unserer Seite stehst.

Evangelium Lk 19,1–10

In jener Zeit kam Jesus nach Jericho und ging durch die Stadt. Dort wohnte ein Mann namens Zachäus; er war der oberste Zollpächter und war sehr reich. Er wollte gern sehen, wer dieser Jesus sei, doch die Menschenmenge versperrte ihm die Sicht; denn er war klein. Darum lief er voraus und stieg auf einen Maulbeerfeigenbaum, um Jesus zu sehen, der dort vorbeikommen musste. Als Jesus an die Stelle kam, schaute er hinauf und sagte zu ihm: Zachäus, komm schnell herunter! Denn ich muss heute in deinem Haus zu Gast sein. Da stieg er schnell herunter und nahm Jesus freudig bei sich auf. Als die Leute das sahen, empörten sie sich und sagten: Er ist bei einem Sünder eingekehrt. Zachäus aber wandte sich an den Herrn und sagte: Herr, die Hälfte meines Vermögens will ich den Armen geben, und wenn ich von jemand zu viel gefordert habe, gebe ich ihm das Vierfache zurück. Da sagte Jesus zu ihm: Heute ist diesem Haus das Heil geschenkt worden, weil auch dieser Mann ein Sohn Abrahams ist. Denn der Menschensohn ist gekommen, um zu suchen und zu retten, was verloren ist.

Meditation

Zachäus im Feigenbaum: Ein Mensch muss sich verstecken. Er ist verachtet und ausgeschlossen. Das Leben geht an ihm vorbei. Aber die Sehnsucht dazuzugehören, die Sehnsucht, das mitzubekommen, was das Leben ausmacht, diese Sehnsucht bleibt.

Zachäus im Feigenbaum: Symbol für alle, an denen das Leben vorbeizugehen scheint. Symbol für alle, die sich ausgeschlossen fühlen, weil eine Erkrankung oder eine andere Not sie aus der Bahn geworfen hat. Aber die Sehnsucht dazuzugehören, die Sehnsucht, das mitzubekommen, was das Leben ausmacht, diese Sehnsucht bleibt. Er, der das Leben schenkt, Jesus Christus, der Erlöser, er schaut zu denen, die das Gefühl haben: Das Leben geht an uns vorbei. Er sieht sie an und gibt ihnen Ansehen. Er will diejenigen suchen und retten, die sich verloren glauben: „Ich muss heute in deinem Haus zu Gast sein."

Für Zachäus hat das Folgen: „Da stieg er schnell herunter und nahm Jesus freudig bei sich auf." Das Leben kann neu beginnen; jetzt ist Zachäus wieder mittendrin.

Seit jenem Ereignis damals in Jericho hört Jesus nicht auf, den Menschen anzusehen und ihm sein Ansehen wiederzugeben. Seit jenem Ereignis damals in Jericho hört Jesus nicht auf, zum Menschen zu sagen: Ich muss heute bei dir zu Gast sein! Mehr noch: Ich möchte bei dir bleiben. Ich bin da und ich bleibe da, jetzt hier, im Zeichen des Brotes.

Fürbitten

Wir beten zu Jesus Christus, der auf der Seite derer steht, die es im Leben schwer haben:

- Manche Menschen halten nicht viel von sich selbst und schätzen sich als schwach und wertlos ein: Schenke ihnen die Erfahrung, dass auch ihr Leben Würde und Ansehen besitzt, selbst dann, wenn die äußere Bestätigung manchmal fehlen sollte.
- Manche Menschen leiden darunter, nicht mehr so leistungsfähig zu sein wie früher: Lass sie entdecken, dass der Sinn des Lebens nicht allein darin besteht, etwas zu leisten, sondern vor allem darin, offen zu werden für Liebe und Vertrauen.
- Manche Menschen müssen gegen eine Erkrankung oder gegen eine andere Bedrohung ihres Lebens ankämpfen: Schenke ihnen Kraft und Geduld und stärke sie in der Zuversicht, dass sie von dir getragen und gehalten sind, ganz gleich, was kommen mag.
- Manche Menschen fühlen sich durch eine Krankheit oder eine andere Lebenseinschränkung isoliert und einsam: Lass sie spüren, wie das Gebet und das Vertrauen auf dich sie aus ihrer inneren Enge befreien können und ihnen wieder Mut zum Leben schenken.

Schlussgebet (siehe S. 247 ff.)

Segensgebet (siehe S. 251 ff.)

Wo Gott ist, ist das Leben

Kyrieruf

Herr Jesus Christus,
- Mensch geworden, um uns die Kraft zum Leben zu geben: Herr, erbarme dich …
- am Kreuz gestorben, um uns aus Angst, Schuld und Tod zu entreißen: Christus, erbarme dich …
- auferstanden, um uns das Leben für immer zu schenken: Herr, erbarme dich …

Tagesgebet

Treuer und allmächtiger Gott, wir gehören zu dir und stehen unter deinem Schutz, in guten wie in schweren Tagen. Halte deshalb fern von uns, was uns gefährdet, und befreie uns von dem, was uns an Leib und Seele bedrückt. Lass uns erfahren dürfen, wie unsere Ängste schwinden, je mehr wir darauf vertrauen, dass du unser Heil und unser Leben willst. Darum bitten wir dich durch Jesus Christus, unseren Herrn, der für uns den Weg des Leidens und Sterbens ging, damit wir den Weg zum Leben finden.

Evangelium Lk 20,27–38

In jener Zeit kamen einige von den Sadduzäern, die die Auferstehung leugnen, zu Jesus und fragten ihn: Meister, Mose hat uns vorgeschrieben: Wenn ein Mann, der einen Bruder hat, stirbt und eine Frau hinterlässt, ohne Kinder zu haben, dann soll sein Bruder die Frau heiraten und seinem Bruder Nachkommen verschaffen. Nun lebten einmal sieben Brüder. Der erste nahm sich eine Frau, starb aber kinderlos. Da nahm sie der zweite, danach der dritte, und ebenso die anderen bis zum siebten; sie alle hinterließen keine Kinder, als sie starben. Schließlich starb auch die Frau. Wessen Frau wird sie nun bei der Auferstehung sein? Alle sieben haben sie doch zur Frau gehabt. Da sagte Jesus zu ihnen: Nur in dieser Welt heiraten die Menschen. Die aber, die Gott für würdig hält, an jener Welt und an der Auferstehung von den Toten teilzuhaben, werden dann nicht mehr heiraten. Sie können auch nicht mehr sterben, weil sie den Engeln gleich und durch die Auferstehung zu Söhnen Gottes geworden sind. Dass aber die Toten auferstehen, hat schon Mose in der Geschichte vom Dornbusch angedeutet, in der er den Herrn den Gott Abrahams, den Gott Isaaks und den Gott Jakobs nennt. Er ist doch kein Gott von Toten, sondern von Lebenden; denn für ihn sind alle lebendig.

Meditation

Gott ist kein Gott von Toten,
sondern von Lebenden.
Und Gott will nichts anderes,
als dass wir leben können.

Wo Gott ist, ist nicht Angst,
sondern Vertrauen.
Wo Gott ist, ist nicht Zweifel,
sondern Sicherheit.
Wo Gott ist, ist nicht Kälte,
sondern Geborgenheit.
Wo Gott ist, ist nicht Ungeduld,
sondern Barmherzigkeit.
Wo Gott ist, ist nicht Strafe,
sondern Vergebung.
Wo Gott ist, ist nicht Lähmung,
sondern Zuversicht.
Wo Gott ist, ist nicht Dunkel,
sondern Licht.
Wo Gott ist, ist nicht Tod,
sondern Leben.

Gott ist kein Gott von Toten,
sondern von Lebenden.
Und Gott will nichts anderes,
als dass wir leben können.

Fürbitten

Wir beten zu Gott, der kein Gott von Toten ist, sondern von Lebenden:

– Für diejenigen, denen das Leben zurzeit mehr Last als Freude bedeutet: Lass sie wieder ein Gespür entwickeln für die schönen Dinge, die ihnen geblieben sind, allen Mühen und Lasten zum Trotz.

- Für diejenigen, die mit einer körperlichen oder seelischen Erkrankung zu kämpfen haben: Lass sie die Kraft finden, dieser Bedrohung standzuhalten und sie – mit deiner Hilfe – zu überwinden.
- Für diejenigen, die Angst haben vor dem, was im Alter und im Sterben einmal auf sie zukommen wird: Lass sie Zuversicht und Halt finden in der Zusage deines Sohnes, dass du ein Gott bist, der allen das Leben schenken will, selbst im Tod.
- Für diejenigen, denen der Tod einen lieben Menschen genommen hat: Lass sie Trost finden in dem Gedanken, dass unsere Toten bei dir leben und wir durch dich mit ihnen in Liebe verbunden bleiben.

Schlussgebet (siehe S. 247 ff.)

Segensgebet (siehe S. 251 ff.)

Euch wird kein Haar gekrümmt werden

Kyrieruf

Herr Jesus Christus,

- du unsere Hoffnung inmitten der Angst: Herr, erbarme dich …
- du unser Halt inmitten der Ungewissheit: Christus, erbarme dich …
- du unser Licht inmitten der Dunkelheit: Herr, erbarme dich …

Tagesgebet

Gott, du hast uns das Leben geschenkt und uns die Kraft gegeben, es zu bestehen und zu gestalten. Aber manchmal verläuft es nicht so, wie wir das gerne hätten, und wir sind enttäuscht und unzufrieden. Lass uns in solchen Momenten begreifen, dass uns nicht geholfen ist, wenn allein unsere Wünsche in Erfüllung gehen, sondern dass es vor allem darauf ankommt, dass dein Wille geschieht – denn du, unser Schöpfer, willst ja nichts anderes, als uns im Leben zu stärken und zu ermutigen. Du weißt am besten, was uns weiterhilft. Verwirkliche daher deinen Willen und stärke in uns das Vertrauen auf deine liebende Sorge. So bitten wir dich durch Jesus Christus, unseren Herrn.

Evangelium Lk 21,5–19

In jener Zeit, als einige darüber sprachen, dass der Tempel mit schönen Steinen und Weihegeschenken geschmückt sei, sagte Jesus: Es wird eine Zeit kommen, da wird von allem, was ihr hier seht, kein Stein auf dem andern bleiben; alles wird niedergerissen werden.
Sie fragten ihn: Meister, wann wird das geschehen, und an welchem Zeichen wird man erkennen, dass es beginnt? Er antwortete: Gebt acht, dass man euch nicht irreführt! Denn viele werden unter meinem Namen auftreten und sagen: Ich bin es!, und: Die Zeit ist da. – Lauft ihnen nicht nach!
Und wenn ihr von Kriegen und Unruhen hört, lasst euch dadurch nicht erschrecken! Denn das muss als erstes geschehen; aber das Ende kommt noch nicht sofort. Dann sagte er zu ihnen: Ein Volk wird sich gegen das andere erheben und ein Reich gegen das andere. Es wird gewaltige Erdbeben und an vielen Orten Seuchen und Hungersnöte geben; schreckliche Dinge werden geschehen, und am Himmel wird man gewaltige Zeichen sehen.
Aber bevor das alles geschieht, wird man euch festnehmen und euch verfolgen. Man wird euch um meines Namens willen den Gerichten der Synagogen übergeben, ins Gefängnis werfen und vor Könige und Statthalter bringen. Dann werdet ihr Zeugnis ablegen können. Nehmt euch fest vor, nicht im Voraus für eure Verteidigung zu sorgen; denn ich werde euch die Worte und

die Weisheit eingeben, sodass alle eure Gegner nicht dagegen ankommen und nichts dagegen sagen können. Sogar eure Eltern und Geschwister, eure Verwandten und Freunde werden euch ausliefern, und manche von euch wird man töten. Und ihr werdet um meines Namens willen von allen gehasst werden. Und doch wird euch kein Haar gekrümmt werden. Wenn ihr standhaft bleibt, werdet ihr das Leben gewinnen.

Meditation

Es kommt eine Zeit,
in der die Dinge sich ändern
und Ängste und Nöte
den Menschen bedrängen.

Wer krank daniederliegt,
wer am Ende seiner Kräfte ist,
wer nicht mehr weiterweiß,
weil er so elend dran ist,
der spürt etwas von dem,
was Jesus da voraussagt:
Es kommt eine Zeit,
in der die Dinge sich ändern
und Ängste und Nöte
den Menschen bedrängen.

Was in gewaltigen Bildern
die Bibel da erzählt
von Katastrophen auf der Welt,

von Elend und Not,
das kann auch geschehen
im Innern des Menschen:
Wenn eine Krankheit ihn bedroht,
wenn Schmerzen ihn quälen,
wenn Ängste und Nöte
ihn ständig belasten.

In diesen Momenten,
wo das Leben in Aufruhr,
wo nichts mehr so sicher,
wie es früher einmal war,
gibt Jesus die Zusage:
Es wird euch – trotz allem –
kein Haar gekrümmt werden.
Mag die Angst noch so stark sein,
die Sorgen bedrückend,
mag der Mensch nicht mehr wissen,
ob die Kräfte noch reichen,
all das zu durchstehen,
was an Leiden wird kommen –
wir sind fest geborgen
in Gottes Händen,
von ihm geschützt und gehalten,
damit wir nicht fallen.

Diese Zusage steht.
Und Gott hält sie ein.
Darum seine Bitte:
Seid standhaft! Vertraut!

Wer sich fest an mich hält,
wird das Leben gewinnen.

Es kommt eine Zeit,
in der die Dinge sich ändern
und Ängste und Nöte
den Menschen bedrängen.
Und wenn dies geschieht,
dann, Herr, mach uns offen,
für das Wort der Verheißung,
das du zu uns sprichst:
Es wird euch – trotz allem –
kein Haar gekrümmt werden.
Seid standhaft! Vertraut!
Wer sich fest an mich hält,
wird das Leben gewinnen.

Fürbitten

Wir beten zu Jesus Christus, unserem Bruder und Herrn, der uns zugesagt hat: Euch wird kein Haar gekrümmt werden!:

- Für diejenigen, die von einer Krankheit oder einer anderen Not betroffen sind: Schenke ihnen Kraft, Geduld und Zuversicht, mit deiner Hilfe das Schwere bestehen zu können.
- Für diejenigen, die Angst haben vor dem, was an Krankheit und Leid noch auf sie zukommen kann: Lass sie Kraft finden in deiner Zusage, dass du an ihrer Seite bleibst.

- Für diejenigen, die in der Not und Bedrängnis ihres Lebens nach einem Halt im Glauben suchen: Lass sie erfahren dürfen, wie ihr Beten und Glauben sie trägt und ihnen jene innere Stärke gibt, aus der sie die Kraft zum Leben finden.
- Für diejenigen, die mit einer schweren Erfahrung ihres Lebens noch nicht fertiggeworden sind: Befreie sie von dem, was noch immer auf ihnen lastet, und schenke ihnen den Mut zur Versöhnung und zum Neuanfang.

Schlussgebet (siehe S. 247 ff.)

Segensgebet (siehe S. 251 ff.)

ürbitten

Vir beten zu Jesus Christus, dem König am Kreuz, für le, die ein Kreuz zu tragen haben:

Es gibt Kreuze, die sind selbst verschuldet und selbst auferlegt. Jesus, Christkönig, König am Kreuz, gib die Kraft, diese Kreuze zu überwinden.

Es gibt Kreuze, die lassen sich nicht abwerfen. Jesus, Christkönig, König am Kreuz, gib die Kraft, diese Kreuze in Geduld zu tragen.

Es gibt Kreuze, die erscheinen zu schwer. Jesus, Christkönig, König am Kreuz, gib die Kraft, an diesen Kreuzen nicht zu zerbrechen.

Es gibt Kreuze, die sind noch härter als das, was ich zu tragen habe. Jesus, Christkönig, König am Kreuz, gib die Kraft, im eigenen Leid offen zu bleiben für as Leid anderer.

lussgebet (siehe S. 247 ff.)

ensgebet (siehe S. 251 ff.)

Ein König an unserer Seite

Kyrieruf

Herr Jesus Christus,
- König der Welt, Schöpfer meines Lebens: Herr, erbarme dich …
- König am Kreuz, Erlöser meines Lebens: Christus, erbarme dich …
- König des Himmels, Ziel meines Lebens: Herr, erbarme dich …

Tagesgebet

Allmächtiger, ewiger Gott, dein Sohn Jesus Christus ist Mensch geworden, einer von uns. Er teilt mit uns alle Last und alle Mühe. Ihn bekennen wir heute als den Herrn und König über Himmel und Erde, über Leben und Tod. Wir bitten dich: Stärke in uns das Vertrauen auf ihn, auf Christus, unseren König, der seine Macht darin zeigt, dass er uns zur Seite steht, auch in schweren Tagen, und uns die Lebenskraft gibt, nach der wir uns sehnen. So bitten wir dich durch ihn, Jesus Christus, unseren König.

Evangelium Lk 23,35b–43

In jener Zeit verlachten die führenden Männer des Volkes Jesus und sagten: Anderen hat er geholfen, nun soll

er sich selbst helfen, wenn er der erwählte Messias Gottes ist.
Auch die Soldaten verspotteten ihn; sie traten vor ihn hin, reichten ihm Essig und sagten: Wenn du der König der Juden bist, dann hilf dir selbst! Über ihm war eine Tafel angebracht; auf ihr stand: Das ist der König der Juden. Einer der Verbrecher, die neben ihm hingen, verhöhnte ihn: Bist du denn nicht der Messias? Dann hilf dir selbst und auch uns! Der andere aber wies ihn zurecht und sagte: Nicht einmal du fürchtest Gott? Dich hat doch das gleiche Urteil getroffen. Uns geschieht recht, wir erhalten den Lohn für unsere Taten; dieser aber hat nichts Unrechtes getan. Dann sagte er: Jesus, denk an mich, wenn du in deiner Macht als König kommst. Jesus antwortete ihm: Amen, ich sage dir: Heute noch wirst du mit mir im Paradies sein.

Meditation

Drei Männer am Kreuz – Menschen in äußerster Not. Und niemand ist da, der ihnen beisteht; das einzige, was man für sie übrig hat, sind dumme Bemerkungen und Spott und Verachtung.
Drei Männer am Kreuz – ohnmächtig, hilflos, verlassen. Einer von ihnen ist ein König: Jesus Christus. „Jesus, denk an mich, wenn du in deiner Macht als König kommst", ruft der, der am anderen Kreuz hängt. Und Jesus antwortet: „Amen, ich sage dir, heute noch wirst du mit mir im Paradies sein."

Jesus Christus, unser König: nicht auf dem Thr
dern am Kreuz, nicht auf dem Höhepunkt der
sondern im Elend der Ohnmacht. Ein König,
der Seite derer steht, die im Zweifel und im
sind.
Was nutzt mir ein Gott nur für die schön
Dann, wenn es schwer wird, dann, wenn
mehr Last als Freude ist, dann brauche ich
mich versteht: einen, der mir nicht von o
gute Ratschläge gibt, sondern der zu mir he
und mit mir die Angst und die Finsternis
über mich hereingebrochen sind. Was nutz
ein Kreuz zu tragen hat, ein König, der
Thron sitzt?
Nicht auf dem Thron sitzt Jesus, der Chris
er hängt am Kreuz – ein König, der das
scheut, das ich zu tragen habe. Spüre ich
schenfreundlicher Gast mir da zur Seite st
Mit dem, der mitgekreuzigt ist, möchte
sus, denk an mich, wenn du in deiner M
kommst. Nein, nicht erst dann – denk
mich! Vergiss mich nicht! Lass mich nich
Und ich darf vertrauen, dass der, zu de
mir antwortet: Hab Mut! Heute noch w
im Paradies sein. Du wirst die Kraft zu
Ich gebe sie dir.

Sc

Se

Schlussgebete

Bedenken wir, was wir feiern dürfen: Du, Gott, bist nun in unserer Mitte. Wie Brot und Wein und ein gutes Wort Dinge sind, die das Leben möglich machen, so bist du, Gott, bei uns, um uns das Leben zu ermöglichen, aller Last und Bedrängnis zum Trotz. Wir danken dir, dass du Begleiter und Helfer bist auf dem Weg durch Krankheit, Dunkel und Leid. Wir danken dir, dass du mit uns aushältst und trägst, was uns zu schaffen macht. Und wir bitten dich: Bleibe bei uns und schenke uns auch weiterhin die Kraft, die wir brauchen.

* * *

Herr Jesus Christus, wir danken dir für die Treue, mit der du zu uns Menschen stehst. Damit wir nicht mutlos werden, sprichst du zu uns das Wort der Hoffnung. Damit wir nicht aufgeben, reichst du uns das Brot des Lebens. In beiden Zeichen, im Wort und im Brot, bist du es selbst, der zu uns kommt und bei uns bleibt in guten wie in schweren Tagen. Lass uns Kraft schöpfen aus dieser Zuversicht, dich stets in unserer Nähe zu wissen.

* * *

Gott, es ist dir nicht gleichgültig, was mit uns geschieht. Dort, wo Not und Angst, wo Krankheit und Leid den Menschen bedrücken, dort bist du da, um zu heilen und zu trösten, um aufzurichten und zu stärken. Wir danken dir, dass wir auf deine Hilfe bauen können, und bitten dich: Lass uns erfahren dürfen, was wir erhoffen und erflehen.

* * *

Wir danken dir, Herr, unser Gott, für die Treue, mit der du zu uns stehst. Wir danken dir für dein Wort, das uns zum Leben ruft, und für die Speise, mit der du uns stärkst. Du hältst deine schützende Hand über uns, damit wir nicht fallen. Festige in uns das Vertrauen auf deine Hilfe.

* * *

Gott, unser Vater, wir loben und preisen dich. Du stärkst uns mit dem Brot des Lebens und mit deinem Wort. Du gibst uns die Kraft, die wir brauchen, um das zu bestehen, womit wir augenblicklich zu kämpfen haben. Was wir jetzt zeichenhaft feiern durften, das lass uns Stütze sein in unserer Not und Licht in unserem Dunkel. So bitten wir dich durch Jesus Christus, deinen Sohn und unseren Bruder.

* * *

Herr Jesus Christus, wo du bist, ist das Leben. Wo du bist, können Menschen aufatmen und von Neuem Hoffnung schöpfen. Du bist jetzt hier, bei uns, in unserer Mitte. Wir danken dir. Lass uns erfahren dürfen, was du uns schenkst: Leben, Trost, Hoffnung und inneren Frieden. Lass uns erfahren dürfen, dass wir in allem Kraft finden bei dir, unserem Gott und unserem Bruder.

* * *

Herr, du treuer Gott, wir dürfen jetzt erleben, wie nahe du uns bist: Mit deinem Wort willst du uns aufrichten und Mut machen, und im Zeichen des Brotes willst du uns stärken. Du bist nun an unserer Seite, und du bleibst es. Was du uns geschenkt hast und was wir feiern durften, das lass uns Halt und Hilfe sein auf unserem Weg durch Krankheit und Leid. So bitten wir dich durch Jesus Christus, unseren Herrn.

* * *

Herr Jesus Christus, du bist Mensch geworden. Am eigenen Leibe hast du erfahren, was menschliches Leben ausmacht, in Freude wie im Leid. Seitdem sind wir nicht mehr alleingelassen, wenn Leid, Dunkel und Not uns bedrücken. So nahe bist du uns, dass wir dir in ganz alltäglichen Zeichen begegnen dürfen: in einem Stück Brot, das du uns reichst, und in einem guten

Wort, das du zu uns sprichst. Wir danken dir für den Trost und die Kraft, die wir von dir empfangen, und bitten dich: Nimm von uns jene Zweifel, die uns hindern, auf deine Hilfe zu hoffen und dir zu vertrauen.

* * *

Jesus Christus, Brot des Lebens, Speise auf dem Weg durch die Zeit, wir beten dich an und preisen dich. Wie ein Bruder und Freund bleibst du an unserer Seite und hilfst uns, das Schwere zu durchstehen, das wir zu tragen haben. Wir sind nicht allein: Du begleitest uns, du stützt uns, du richtest uns auf. Lass uns auf dich vertrauen und mit dir verbunden bleiben, und wenn Ängste und Zweifel uns zu schaffen machen, dann lass uns Halt finden bei dir.

* * *

Gott, du willst, dass uns das Leben gelingt. Deshalb bist du Mensch geworden und hast alles mit uns geteilt, auch die Erfahrung von Schmerz und Leid, von Ohnmacht und Angst. Damit wir nicht zerbrechen an dem, was wir zu tragen haben, hast du uns jetzt gestärkt mit jener Speise, die zum Leben führt. Wir bitten dich: Bleibe an unserer Seite, verlass uns nicht, wenn wir uns verlassen fühlen, und schenke uns Zuversicht, Heil und Frieden.

Segensgebete

Gott, der Vater, möge uns begleiten und seine schützende Hand über uns halten, damit wir nicht fallen.
Gott, der Sohn, möge uns begleiten und an unserer Seite bleiben, damit wir der Angst und der Dunkelheit standhalten.
Gott, der Heilige Geist, möge uns begleiten und uns aufrichten, damit wir gestärkt werden in der Hoffnung auf Leben.
So begleite, schütze und segne uns der dreifaltige Gott, der Vater und der Sohn und der Heilige Geist.

* * *

Der Herr segne uns und alle, die um unsere Heilung bemüht sind.
Der Herr schenke uns sein Erbarmen und seinen Schutz.
Der Herr bleibe bei uns und gebe uns die Kraft zum Leben.

* * *

Du, treuer Gott, vergiss mich nicht.
Du, treuer Gott, lass mich nicht fallen.
Du, treuer Gott, bleibe an meiner Seite.

Du, treuer Gott, segne mich
und führe mich auf den Weg zum Leben.

* * *

Gott, der Herr, möge uns
Begleiter sein auf dem Weg durch das Leben,
Helfer in Schmerz und Leid,
Tröster in Not und Angst,
Gott, der Herr, halte schützend seine Hand
über uns und alle,
die sich um uns sorgen und mühen.
Gott, der Herr, stärke uns mit seinem Segen:
er, der Vater und der Sohn und der Heilige Geist.

* * *

Gott bleibe bei uns mit seinem Segen.
Er sei uns Licht im Dunkel,
Halt in der Ungewissheit,
Schutz in der Gefahr,
Retter in der Not.
Gott bleibe bei uns mit seinem Segen,
er, der Vater und der Sohn und der Heilige Geist.

* * *

Gott, der uns ins Leben gerufen hat, ist treu.
Er bleibe an unserer Seite,

in guten wie in schweren Tagen.
Er begleite uns mit seiner Liebe
und seinem Erbarmen,
er, der Vater und der Sohn
und der Heilige Geist.
Sein Segen sei uns Halt und Stütze
auf unserem Weg.

* * *

Gott, der Herr, halte uns fest in seinen Händen;
damit wir nicht fallen,
damit wir nicht aufgeben,
damit wir nicht zerbrechen.
Gott, der Herr, halte uns fest in seinen Händen:
Er möge uns aufrichten,
er möge uns Mut machen,
er möge uns heilen.
Gott, der Herr, halte uns fest in seinen Händen.
Er schenke uns seinen Segen,
und er schenke seinen Segen allen, die uns Hilfe sind.

* * *

Es segne uns Gott:
Er hat uns erschaffen,
er hat uns erlöst,
er führt uns zum Leben.

Es segne uns Gott und lasse an uns geschehen,
was sein Wille ist.
Dann wird es gut.
Dann finden wir zum Leben.

* * *

Der allmächtige Gott erbarme sich unser.
Er gebe uns die Kraft,
das Schwere zu bestehen.
Er nehme von uns Angst und Zweifel.
Er stärke diejenigen, die sich um uns mühen.
Er schenke allen, Kranken wie Gesunden,
sein Heil.
So segne uns der Vater und der Sohn
und der Heilige Geist.